Walter Simon
Ziele managen

Für
Gisela, Martin und Manuel

Inhaltsverzeichnis

Herzlich willkommen in diesem Trainingsprogramm.
Ich bin Walter Simon, der Autor.
Als Ihr Trainer werde ich Sie durch dieses Programm führen.
Machen Sie mit!
Viel Spaß und Erfolg!

1. So setzen Sie Ihre Ziele

1.1 Haben Sie Grundsätze?

Welchem Stern folgen Sie? Haben Sie Regeln oder Grundprinzipien für Ihr Leben? Haben Sie ein Wertesystem, nach dem Sie Politik, Gesellschaft und Wirtschaft beurteilen? Handeln Sie auf der Basis solcher Grundsätze? Besteht zwischen Ihrem Denken und Ihrem täglichen Handeln Kompatibilität? Menschen mit einem Lebensmotto oder Lebensregeln sind im Allgemeinen „zielfähiger" und konsequenter, wenn es darum geht, Ziele zu setzen und zu realisieren. Sie kennen ihre Richtung und nutzen ihre Werte als innere Führungskräfte.

Werte sind innere Führungskräfte

Mein oberster Lebensgrundsatz lautet: *„Rede nicht, handle."* Wie lautet Ihrer? Spätestens an dieser Stelle sollten Sie Ihre wichtigsten Glaubens-, Arbeits- oder Lebensgrundsätze niederschreiben und in eine Reihenfolge nach Wichtigkeit bringen. Befolgen Sie diesen Hinweis des Schriftstellers Hermann Hesse: *„Wir verlangen, das Leben müsse einen Sinn haben. Aber es hat nur genau so viel Sinn, wie wir ihm geben."*

Was für Menschen gilt, gilt auch für Unternehmen. Gut geführte Firmen und Organisationen wahren und pflegen ihre Grundsätze, bleiben ihren Leitbildern und Hauptzielen treu. An ihrer Spitze stehen oft Manager mit charismatischen Eigenschaften, deren Vorbild positiv auf das Verhalten der Mitarbeiter und Mitarbeiterinnen einwirkt. Der IBM-Gründer Watson sagte über den Wert solcher Grundsätze:

Auch Unternehmen brauchen Werte

„Ich bin fest überzeugt, dass jedes Unternehmen, um zu überleben und erfolgreich zu sein, einen soliden Bestand an Grundüberzeugungen braucht, von denen es sich bei allen Entscheidungen und Maßnahmen leiten lässt. Sodann glaube ich, dass der wichtigste Einzelfaktor für den Unternehmenserfolg das getreuliche Festhalten an diesen Überzeugungen ist. Und schließlich glaube ich, dass ein Unternehmen, wenn es die Herausforderungen einer Welt im Wandel bestehen will, bereit sein muss, im Laufe seiner Entwicklung alles zu ändern, mit Ausnahme dieser Grundüberzeugungen."[1]*

Auch Sie sollten von Ihren Grundsätzen ausgehend handeln und Ihrem Wesen treu bleiben. Schon der römische Philosoph Seneca schrieb vor über 2000 Jahren:

Wissen Sie, was Sie wollen?

„Die meisten wissen nicht, was sie wollen, außer in dem Augenblick, wo sie wollen; für sein ganzes Leben hat sich selten einer über sein Wollen und Nichtwollen entschieden: Täglich wechselt er Urteil und Wegrichtung, und so bleibt das Leben der meisten ein zielloses Hin und Her.

Anders der Weise: Er hält fest, womit er begonnen hat, setzt sich Lebensziele und wirkt tagein und jahraus beharrlich auf sie hin. Er gelangt so zum Höchsterreichbaren oder doch zu dem, wovon er allein erkennt, dass es noch nicht das Letzte und Höchste ist."

Seinem Wesen treu zu bleiben schließt aber nicht aus, sich an Vorbildern zu orientieren und deren positive Verhaltensweisen zu übernehmen. Sie sollten sich

* Literaturangaben finden Sie jeweils am Kapitelende.

aber vorher darüber klar werden, welche Werte für Sie wichtig sind und warum. Wenn Ihnen Ihre

1. *persönlichen Werte bewusst sind, können Sie*
2. *bewusste Ziele formulieren und*
3. *unbewusste Reflexe vermeiden,*
4. *zielbewusste Entscheidungen treffen, um*
5. *bewusst zu handeln.*

Werte- und zielbewusst denken und handeln

Wenn Sie die wesentlichen Bestimmungsgründe Ihres Handelns kennen, wenn Sie sich „Glaubenssätze" Ihres Lebens bewusst machen, können Sie sich auch wieder von ihnen distanzieren, wenn sie zu Gefängnissen geworden sind.

Um sich seiner Grundsätze klar zu werden, empfehle ich Ihnen, sich einmal für ein bis zwei Stunden hinzusetzen, um diese in Form einer Lebenszielformulierung niederzuschreiben. Sie sollten dazu das auf der nächsten Seite abgebildete Schema benutzen. Da es auf ein ganzheitliches Zeit-, Ziel-, Arbeits- und Lebensmanagement zielt, ist es in sechs Hauptgruppen bzw. Lebenssphären aufgeteilt. Dabei handelt es sich lediglich um einen Gestaltungsvorschlag. Es steht Ihnen frei, das Lebensleitbild auch anders darzustellen. Sie sollten sich Gedanken machen, wie Sie diese Bereiche zeitlich ausbalancieren. Teilen Sie die verfügbaren 100 Prozent möglichst spontan und schnell auf alle sechs Lebensbereiche auf. Der Schlüssel zum Arbeits- und Lebenserfolg liegt in der Balance zwischen ihnen. Ich bin sicher, Ihr Leitstern gibt Ihrem Leben Sinn und Richtung.

Übung: Schreiben Sie Ihr Lebensziel

11

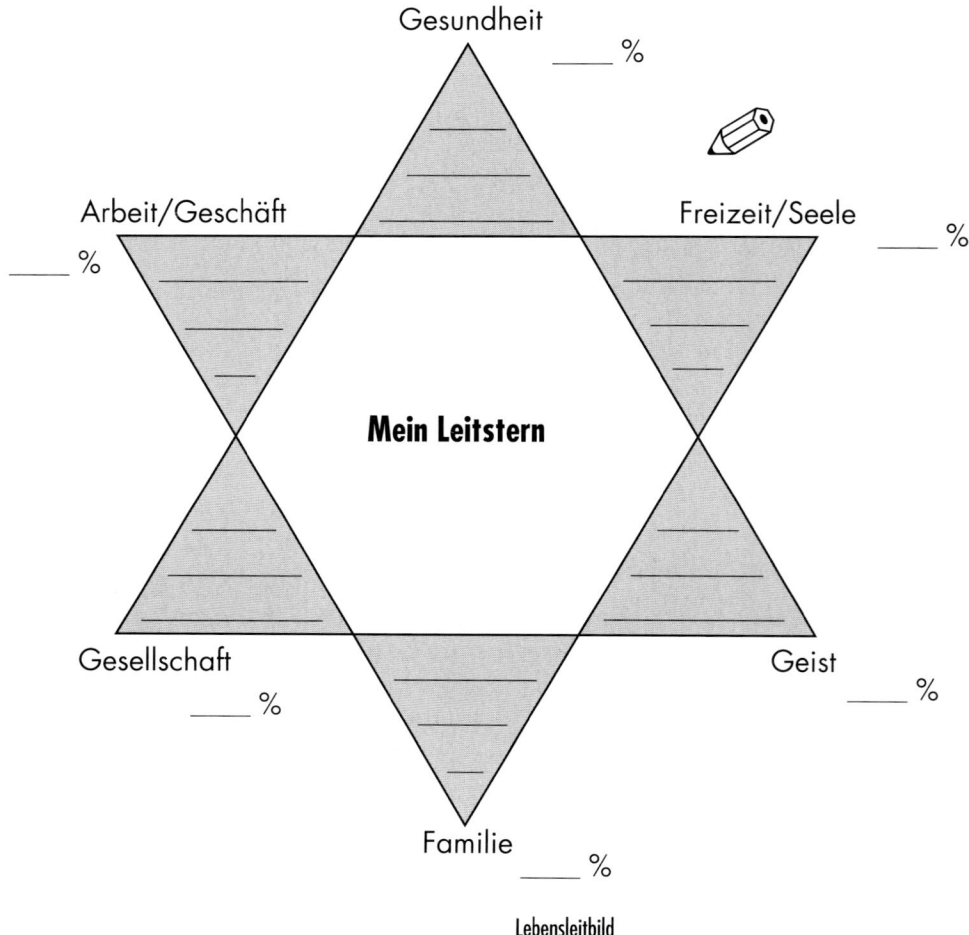

Lebensleitbild

Ähnliches gilt für Unternehmen, die sich ein Leitbild geben wollen. Das Unternehmensziel oder Leitbild ist die Grundbotschaft nach innen und außen. Es enthält Aussagen über die Art und Weise des Umgangs mit Mitarbeitern, Kunden und Lieferanten sowie der Öffentlichkeit. Es ist also eine Art Grundgesetz, das die Basis für alle nachgeordneten Regelwerke darstellt.

1.2 Haben Sie Visionen?

Unser Denken von gestern ist die Realität von heute. Das Denken von heute ist die Realität von morgen. Darum sollten Sie ab heute mehr über Ihre Zukunft nachdenken als über Ihre Vergangenheit. Wenn Sie weiterkommen bzw. Erfolge erzielen wollen, dann brauchen Sie möglichst anschauliche Zukunftsbilder. Wenn Sie nicht an Ihre Zukunft denken, dann haben Sie keine.

So sieht es wahrscheinlich auch der ehemalige Bundespräsident Roman Herzog. In seiner Grundsatzrede „Aufbruch ins 21. Jahrhundert" betonte er die Bedeutung von Visionen:

„Wir brauchen wieder eine Vision. Visionen sind nichts anderes als Strategien des Handelns ... Sie können ungeahnte Kräfte mobilisieren ... Durch Deutschland muss ein Ruck gehen."

Visionen bewegen Menschen im positiven wie im negativen Sinne. Sie setzen emotionale Energie frei und wirken wie ein mentales Kraftzentrum.

In den USA erschien im Herbst 1998 ein Buch mit dem Titel „Lessons from the top".[2] In dieser empirischen Untersuchung der erfolgreichsten amerikanischen Persönlichkeiten kommen die Autoren Thomas J. Neff und James M. Citrin zu dem Ergebnis, dass deren Erfolg unter anderem auf ihrer Fähigkeit zu Visionen und großen Ideen beruht. Auch verstehen sie es hervorragend, ihr Umfeld für diese Ideen zu begeistern. So hatte zum Beispiel der Student Fred Smith die Vision, über Nacht Briefe und Pakete an jeden Punkt der USA zu versenden. Er hielt hierzu ein Referat an der Yale-University, das mit der Note „Mangelhaft" bewertet wurde. Daraufhin gründete

Sie brauchen Zukunftsbilder

Visionen sind Strategien des Handelns

13

er Federal Express, heute neben UPS der weltgrößte Versandkonzern.

Die aktive Vision ist ein Denken außerhalb der Norm und „ohne Schere im Kopf". Im Gegensatz dazu prüft die Revision, ob Vorschriften und Normen eingehalten werden. Visionen sind das Ergebnis kreativer Höchstleistungen. *„Sie sind innere Bilder einer künftigen Wirklichkeit, die realisierbar, heute aber noch nicht Realität sind."[3]*

Visionen sind die notwendige Antithese zur Revision. Vielleicht täten manche Unternehmen gut daran, ihre Revision zugunsten einer neu zu schaffenden Abteilung Vision zu verkleinern.

Eine wichtige Erkenntnis: Visionen schriftlich formulieren

Rolf Berth, Leiter der Kienbaum-Akademie, weist in seiner über sieben Jahre angelegten Studie über die Ursachen von Unternehmenserfolg nach, dass Unternehmen mit Visionen einen höheren Umsatz erzielen, höhere Renditen erwirtschaften und bei Innovationen schneller schwarze Zahlen schreiben als visionslose Unternehmen. Es scheint so, dass Visionen Energien wecken, Aktionen auslösen und andere mitreißen. Ausschlaggebend dabei ist, dass die Vision schriftlich formuliert und unternehmensintern publiziert wird. *„Zwischen denjenigen (Firmen), die keine Visionen haben, und denjenigen, die nur eine mündliche besitzen, zeigen die Messzahlen keine merklichen Differenzen. Ergo: In der schriftlichen Fixierung liegt offenbar der besondere Wert."[4]*

Der Unterschied zwischen Visionen, Leitbildern und Zielen

Der Unterschied zwischen Identität, Grundsätzen, Leitbildern, Visionen und Zielen liegt in der Konkretheit des jeweiligen Sachverhaltes. Die Identität entspricht der Ausstrahlung. Sie ist schwer definierbar, wohl aber fühlbar. Die Vision basiert auf der

Identität eines Menschen oder einer Organisation
und ist das eigene, noch unscharfe Bild der angestrebten mittelfristigen Zukunft mit einem Zeit-
horizont von maximal fünf Jahren. Sie wird eher
durch Fühlen als durch Denken „erarbeitet". Das
Leitbild ist ein klares, gegebenenfalls festgeschriebe-
nes Bild der Gegenwart und der unmittelbaren Zukunft. Das Leitbild bzw. das Unternehmensziel ist die
grundlegende Botschaft des Unternehmens nach
innen und außen. Vom Grundsatz über die Vision
und das Leitbild bis hin zum operativen Ziel wird die
Absicht Schritt für Schritt konkreter.

Haben Sie verschwommene
Absichten oder klare Ziele?

1.3 Haben Sie verschwommene Absichten oder klare Ziele?

Kennen Sie das Märchen von Rotkäppchen in seiner modernen Zielversion? Rotkäppchen setzte sich das Ziel, glücklich zu werden. Es nahm seine gesparten fünfzig Euro und ging los, um sein Glück zu finden. Schon nach wenigen Metern traf es einen Dachs, der es fragte: „Hallo Rotkäppchen, wohin des Weges?" „Ich bin unterwegs, mein Glück zu suchen", antwortete Rotkäppchen stolz. „Das hast du ja gut getroffen", sagte der Dachs, „für zwanzig Euro kannst du diese schnellen Laufschuhe haben, damit kommst du deinem Ziel viel schneller näher." „Ei, das ist ja prima", sagte Rotkäppchen, bezahlte, zog die Laufschuhe an und lief doppelt so schnell von dannen.

Rotkäppchen auf Zielsuche

Ein wenig später begegnete Rotkäppchen einem Fuchs. Dieser fragte Rotkäppchen: „Wo willst du denn hin?" „Ich bin auf dem Wege zu meinem Glücksziel", antwortete Rotkäppchen. „Da hast du es ja gut getroffen", erwiderte der Fuchs, „für ein kleines Trinkgeld überlasse ich dir dieses Fahrrad, damit könntest du noch schneller an dein Ziel kommen." Von seinen restlichen dreißig Euro kaufte Rotkäppchen das Fahrrad und sauste mit großer Geschwindigkeit durch den Wald.

Eine Weile später kam ihm ein Wolf entgegen und fragte: „Nun Rotkäppchen, wohin eilst du so schnell?" Rotkäppchen antwortete: „Ich bin unterwegs, um mein Glück zu finden." „Da hast du ja wirklich Glück, dass du mich getroffen hast", sagte der Wolf und zeigte mit der Pfote auf sein großes geöffnetes Maul. „Wenn du diese kleine Abkürzung machst, kannst du eine Menge Zeit auf dem Weg zu deinem Ziel sparen." „Ei, vielen Dank", sagte Rotkäppchen und sprang dem Wolf in den Rachen.

17

Und die Moral von der Geschichte?

Wenn man nicht weiß, wohin man will,
landet man leicht da,
wo man absolut nicht hin wollte.

Der bekannte deutsche Arbeitsmethodiker Gustav Großmann meinte schon in den Dreißigerjahren, dass das Schicksal für alle, die sich treiben lassen, eine bittere Wahrheit bereithält: *„Ich werde dich dahin führen, wo du nicht sein möchtest."*

Wollen, können, müssen u. Ä. bringt Sie nicht weiter

So wie es Rotkäppchen erging, geht es Millionen Menschen – vielleicht auch Ihnen? Diesen Menschen missfällt ihre Situation. Sie möchten sie verbessern, doch sie kommen nie dazu. Sie wollen, möchten, müssten, könnten ..., doch setzen sie nie etwas in die Tat um. Andere wollen jeden Morgen aufs Neue, wenn sie auf der Waage stehen, endlich ihr Übergewicht bekämpfen. Sie schaffen das genauso wenig wie Millionen anderer Menschen, die in der Silvesternacht gute Vorsätze fassen, sie aber nie umsetzen. An einem Tag im Jahr werden Ziele gesetzt, um sie an den anderen 364 Tagen wieder zu vergessen. Wohl darum prägte Oscar Wilde dieses passende Sprichwort:

„Gute Vorsätze sind die Schecks,
die die Menschen auf eine Bank ausstellen,
bei der sie kein Konto haben."

Das muss nicht sein, wenn es Ihnen gelingt, aus guten Vorsätzen realistische Ziele zu machen.

1.4 Bringen Sie Ihre Ziele in die richtige Rangordnung

Es gibt verschiedene Arten von Zielen, je nach dem Grad ihrer Konkretheit oder der jeweiligen Zielebene. Will man sie begrifflich auf einen Nenner bringen, dann könnte man ganz allgemein von

Zielebene

* *Richtzielen,*
* *Grobzielen* und
* *Feinzielen*

sprechen.

Die Begriffe Richt-, Grob-, und Feinziele zeigen, dass Ziele auf mehreren Stufen existieren. Für Ziele auf hoher Stufe werden umgangssprachlich diese und ähnliche Begriffe verwendet: Generalziel, Finalziel, Hauptziel, Oberziel, Fernziel, Maximalziel.

Die Hierarchie der Ziele

Für Ziele auf niedrigerer Stufe gibt es diese Begriffe: Nahziel, Etappenziel, Zwischenziel, Nebenziel, Teilziel, Minimalziel u. a. Der jeweilige Begriff ergibt sich aus dem Charakter des Ziels. Es gibt Zielebenen, die zeitlich bedingt sind (Lebens-, Jahres-, Monats-, Wochen- und Tagesziele), andere, die hierarchischer Natur sind (Ober- und Unterziel) oder einfach sachlichen Charakter haben (Grobziel, Feinziel).

Richtziele sind eigentlich keine Ziele, da sie nicht eindeutig sind. Sie sind eher eine Art roter Faden für Ihr allgemeines Handeln und eignen sich als Orientierungshilfe für weitere, konkretere Ziele. Wenn beispielsweise ein Unternehmen *hohe Qualität produzieren und seine Kunden zufrieden stellen* will, dann ist das ein Leitbild oder Richtziel. Ebenso, wenn jemand *etwas für seine Gesundheit tun* will.

Richtziele

19

Grobziele

Grobziele haben einen mittleren Grad an Eindeutigkeit und Präzision. Mit ihnen wird ein Richtziel konkretisiert. Bezogen auf das Richtziel Gesundheit könnte das Grobziel darin bestehen, Sport zu treiben.

Feinziele

Feinziele sind eindeutig und präzise. Damit sind sie hinsichtlich ihrer Erfüllung kontrollierbar. Sie sind operational, denn sie geben konkret an, welche Handlungen Sie Ihrem Ziel näher bringen. Ein auf die Gesundheit bezogenes Feinziel könnte lauten, zweimal wöchentlich 10 km in maximal 60 Minuten zu joggen.

Beispiel für ein Zielsystem

Ein Zielsystem, bezogen auf die Gesundheit, könnte also so aussehen:
- *Richtziel:* Gesundheit
- *Grobziel:* Sport treiben
- *Feinziel:* Zweimal pro Woche 10 km joggen.

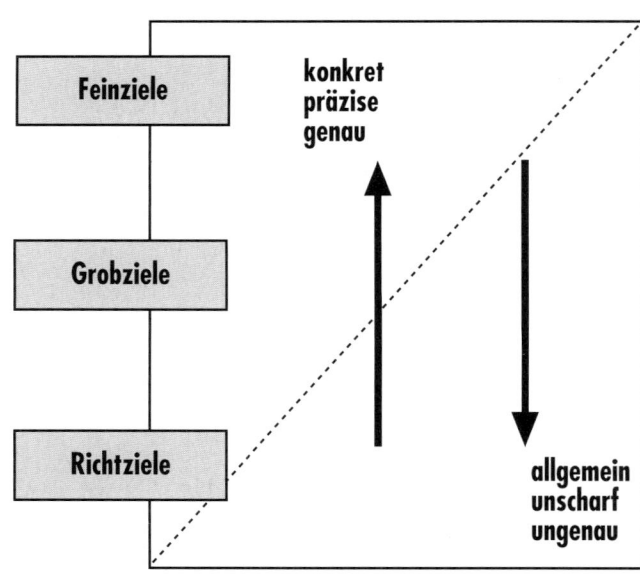

Grob-, Fein-, Richtziele

Hauptziele müssen oft in kombinierter Form als Zeit-, Raum- oder Sachziel erreicht werden. Angenommen, Sie wollen ein Haus bauen, dann müsste eine exakte Zielformulierung z. B. so lauten: Ich will bis 31.12.2005 ein gemauertes, voll unterkellertes Einfamilienhaus mit Walmdach und einer Wohnfläche von 150 qm auf einem ca. 500 qm großen Grundstück im Umkreis von 30 km von Frankfurt am Main zu Maximalkosten von 500.000,– EUR bauen.

Eine exakte Zielformulierung

1.5 So setzen Sie Ihre Ziele richtig

Natürlich entscheiden Ihre Selbstdisziplin, Ihr Wille und die persönliche Notwendigkeit mit darüber, ob Sie einen Vorsatz realisieren. Wichtiger ist aber, dass Sie Ihre Wünsche, Absichten und Hoffnungen konkretisieren und präzisieren, also Sollgrößen angeben, die Sie erreichen möchten. Sie sollten außerdem den Nutzen imaginieren, d. h. sich ihn bildlich vorstellen. Angenommen, Sie wollen abnehmen, dann sehen Sie gedanklich Ihre schlanke Figur, die neuen Kleider, die Sie tragen können, und die Selbstsicherheit, die daraus resultiert. Auch den Zeitraum, in dem Sie etwas erreichen wollen, sollten Sie festlegen.

Stellen Sie sich Ihre Ziele bildlich vor

Selbst in Unternehmen scheitern Projekte oft, weil sie nicht konkret genug umrissen wurden. Woran liegt das?

Absichten und gute Vorsätze werden meistens nicht umgesetzt, weil es nicht gelingt, aus ihnen ein konkretes und handlungswirksames Ziel zu formulieren. Oft sind sie so allgemein gehalten, dass sich alles heraus- und hineinlesen lässt. Vorsätze, Wünsche

Absichten sind keine Ziele

21

und Absichten dürfen Sie nicht mit Zielen verwechseln. Zwischen einem Wunsch, einer Absicht und einem konkreten Ziel besteht ein Unterschied. Hierzu drei Beispiele:

1. Ein *Wunsch*:
Ein Arzt, der einen todgeweihten Krebspatienten behandelt, hat den Wunsch, dass sein Patient am Leben bleibt, obwohl er weiß, dass dieser nur noch wenige Wochen leben wird.

2. Eine *Absichtserklärung*:
Der gute Vorsatz des Herrn Meier für 2001 lautet: „Ich werde im neuen Jahr mehr für meine Gesundheit tun." (Ungeklärt bleibt: Was will er wann wie machen, und was will er genau erreichen?)

3. Eine *Zielformulierung*:
Frau Müller sagt: „Ich werde 2001 durch täglichen Sport und 1000-kcal-Diätkost meinen Blutdruck auf 90 zu 120 bringen." (Hier sind die Maßnahmen und der Endzustand exakt beschrieben.)

Ziele sind der Maßstab, an dem Erfolge gemessen werden

Vages Wunschdenken, verschwommene Hoffnungen und laufend erneuerte Absichtserklärungen führen Sie dem angestrebten Endzustand nicht näher. Diese haben so viel Orientierungskraft wie ein Kreiselkompass am Nordpol. Erfolgreiches Arbeiten beginnt mit dem bewussten Setzen von Zielen. Erfolgsmenschen erkennt man an ihren klaren und bewussten Zielen. Ziele sind der Maßstab, an dem Erfolge und ebenso Misserfolge gemessen werden können.

Ein Ziel ist der gedanklich vorweggenommene Endpunkt einer Entwicklung bzw. eines Zustandes.

Ziele existieren nur dort, wo menschliche Vernunft zukünftige Zustände gedanklich vorwegnehmen und menschliches Handeln diese Zustände bewusst herbeiführen kann.

Wenn Sie ein Ziel formulieren, dann kommt dieses einem schöpferischen Akt gleich, denn Sie nutzen Ihre Freiheit, zwischen mehreren Möglichkeiten zu wählen. Aber diese Möglichkeiten bzw. Absichten werden erst dann zu einem Ziel, wenn Sie eindeutig bestimmen, was Sie bis wann in welcher Menge oder Güte erreichen wollen. Um ein operationales Ziel bzw. eine Vorstellung vom angestrebten Zustand zu haben, müssen Sie also Ihre Absicht beschreiben, und zwar:

Ein Ziel zu formulieren bedeutet, Freiheit zu realisieren

- *qualitativ* (Was soll erreicht werden?)
- *quantitativ* (Wie viel soll erreicht werden?)
- *zeitlich* (Bis wann soll es erreicht sein?)
- *begründbar* (Warum soll es erreicht werden?).

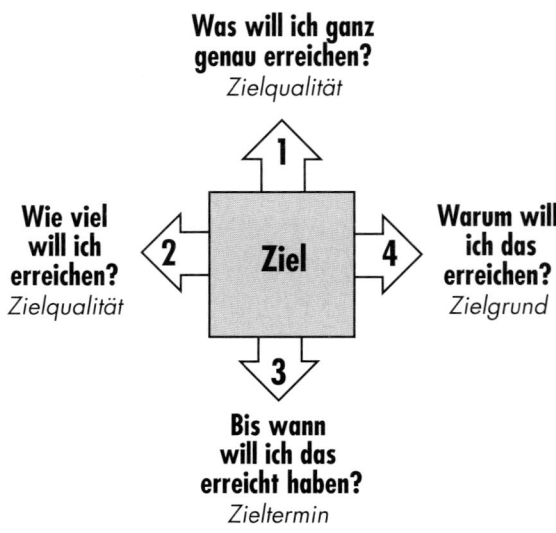

Anforderungen an eine exakte Zielsetzung

*Ein Ziel ist also die exakte Beschreibung eines
in Zukunft angestrebten Zustandes.*

**Beispiel
Weiterbildung**

Angenommen, Ihr guter Vorsatz lautet, etwas für
Ihre Weiterbildung zu tun, dann sollten Sie genau
beschreiben, was Sie darunter verstehen. Hierbei
handelt es sich um ein Richtziel, aus dem Sie ein
Grobziel herausfiltern müssen. Dieses könnte zum
Beispiel darin bestehen, dass Sie sich mit der EDV
beschäftigen wollen. Aus diesem Grobziel müssen
Sie nun ein Feinziel herausarbeiten, denn die EDV
ist ein breites und tiefes Thema. Nehmen wir an, Sie
wollen DTP lernen. Jetzt wird die Richtung klar, Sie
müssen nur noch das DTP-Programm und den
Zeitrahmen bestimmen, dann haben Sie Ihr eigentli-
ches Ziel formuliert. Die Zuordnung dieser drei
Stufen sieht so aus:

- *Richtziel:* sich weiterbilden wollen
- *Grobziel:* sich mit der EDV beschäftigen wollen
- *Feinziel:* das DTP-Programm QuarkXPress bis zum ..... lernen wollen.

Dank konkreter Zielsetzung können Sie nun auch konkret planen. Während Sie planen, legen Sie Zwischenziele fest. Sie erreichen kein Ziel, ohne zuvor Zwischenziele erreicht zu haben. Jeder Hauptschüler muss mindestens neun Klassen(zwischen)ziele erreicht haben, um die Hauptschule erfolgreich abzuschließen. Die untergeordneten Zwischenziele sind die Voraussetzungen, um das nächsthöhere Ziel zu erreichen, das selbst wieder Voraussetzung ist, um das darüber befindliche Ziel zu erreichen. Sie sollten jede Zwischenetappe zunächst als eigenes Ziel betrachten.

Ein Ziel besteht aus Zwischenzielen

Nutzen Sie Ihre Ziele als „Antreiber" für Ihr Handeln. Ziele sind die Quelle Ihrer Tatkraft. Arbeiten Sie aktiv zielorientiert statt reaktiv nur durch Impulse anderer! Mit Zielen sind Sie Subjekt und nicht länger Objekt, sind Sie Schöpfer Ihrer selbst. Wenn Sie sich auf ein Ziel festgelegt haben, dann wissen Sie, warum Sie in die eingeschlagene Richtung gehen, und lassen sich nicht mehr so leicht von Ihrem Weg abbringen. Zudem können Sie Wichtiges von Unwichtigem unterscheiden. Sie bestimmen den Weg. Ein Ziel zu haben bedeutet Selbstbestimmung statt Fremdbestimmung. Der römische Philosoph Seneca sagte einmal sinngemäß:

Ziele sind Antreiber für Ihr Handeln

> *„Es gibt keinen günstigen Wind für den,*
> *der nicht weiß, wohin er segeln will."*

An dieser Stelle möchte ich Sie auffordern, jene Absichten oder Zukunftsvorstellungen aufzuschreiben, die Sie schon lange mit sich herumtragen. Das setzt voraus, dass Sie wissen, was für Sie sinnvoll ist, und Sie bereit sind, die Konsequenzen zu tragen.

Welche Absicht will ich schon länger in die Tat umsetzen?

1.6 Ist Ihr Ziel realistisch?

Analysieren Sie Ihr Ziel

Nachdem Sie jetzt eine Ihrer Absichten ausgewählt haben, um daraus ein konkretes und präzises Ziel zu formulieren, müssen Sie Ihr Ziel analysieren. Sie sollen prüfen, ob Ihr Ziel realistisch ist und Sie über die nötigen materiellen und ideellen Mittel verfügen, um es zu realisieren. Die Zielanalyse soll Ihnen helfen, die Beziehungen zwischen dem Ziel einerseits und den objektiven Möglichkeiten, Bedürfnissen und Mitteln andererseits zu verstehen. Die Zielanalyse besteht aus diesen drei Schritten:

Drei Schritte der Zielanalyse

- *Analyse der Stärken und Schwächen* (Subjekt- bzw. Persönlichkeitsanalyse)
- *Analyse der Chancen und Risiken* (Objekt- bzw. Gegenstandsanalyse)

- *Analyse des Umfeldes bzw. der Situation*
  (Umfeld- bzw. Situationsanalyse).

Bei der Zielanalyse hinterfragen Sie, welche Ihrer persönlichen Stärken und Schwächen die Erreichung Ihres Ziels fördern oder hemmen (Subjekt- bzw. Persönlichkeitsanalyse). Sie prüfen weiter, welche Chancen und Risiken mit der Erreichung des Ziels verbunden sind (Objekt- bzw. Gegenstandsanalyse). Gegebenenfalls fragen Sie sich auch, welche Personen, Informationen, Sachverhalte und sonstigen Umstände Ihre Zielerreichung positiv oder negativ beeinflussen könnten (Situations- bzw. Umfeldanalyse). Mit der Situationsanalyse klären Sie, ob eine Situation änderbar ist oder nicht und falls ja, ob die Änderung wünschenswert ist. Da jede Situation dynamisch ist, sollten Sie sich nach der Situationsanalyse fragen, wie sich die Situation von sich aus, unabhängig von Ihrer Zielsetzung, Planung und Realisierung, ändern würde. Sie stellen also eine Prognose, zumindest eine Teilprognose auf.

Inhalte der Zielanalyse

Angenommen, Sie setzen sich das Ziel, Abteilungsleiter zu werden. Dann beinhaltet dieses einerseits Risiken gegenüber dem jetzigen Stelleninhaber und andererseits Chancen hinsichtlich Ihres zukünftigen Status und Einkommens. Dieses Verhältnis von Chancen und Risiken ermitteln Sie mit der Objektanalyse. Doch statt sich auf die Risiken zu fixieren, sollten Sie sich fragen: „Welche Einzelschritte, welche machbaren Aufgaben könnte ich sofort anpacken?" Beginnen Sie mit den leichten Teilaufgaben, um sich dann den schwereren zuzuwenden.

Beispiele

Da sicherlich auch andere gern die von Ihnen angestrebte Position einnehmen würden, sollten Sie sorg-

27

fältig Ihr Umfeld mit bedenken. Vielleicht wird die vakante Position gar nicht neu besetzt. Um Enttäuschungen und Fehlhandlungen zu vermeiden, müssen Sie auch Ihr Umfeld bzw. die Situation analysieren.

Zugleich müssen Sie selbstkritisch nach Ihren Stärken und Schwächen fragen, um die Realisierbarkeit Ihres Zieles festzustellen. Das geschieht mit der Persönlichkeitsanalyse hinsichtlich Ihrer Stärken und Schwächen.

Sie sollten sehr gründlich an diese Aufgabe gehen, um jene Ziele zu formulieren, die zu Ihrer Persönlichkeit passen. Ihre Ziele müssen zu Ihrem Wesen, zu Ihren Fähigkeiten und zu Ihrem Wollen passen. Es gibt keine normierten Erfolgsmenschen. Ein Ziel, an dem der eine scheitert, ist für den anderen genau das richtige.

Überlegen Sie an dieser Stelle einen Moment, welche Fähigkeit, welche Persönlichkeitsmerkmale und Verhaltensweisen Ihren Zielen förderlich sind und wie Sie sie intensiver einsetzen. Lassen Sie sich nicht von Ihren Schwächen „hypnotisieren". Ihre Schwächen sind irrelevant, solange sie die Stärken nicht beeinträchtigen und Sie nicht von Ihren Zielen abhalten. Eine Katze soll Mäuse fangen. Dabei ist es egal, ob sie schwarz oder weiß ist. Verstärken Sie Ihre Stärken! Setzen Sie alle Segel, um den Wind voll auszunutzen.

Jetzt analysieren Sie Ihre Ziele

Nun benutzen Sie bitte folgende Arbeitsblätter, um Ihr eigenes Ziel zu analysieren.

Analyse der Stärken und Schwächen

Welche Stärken habe ich?
Welche meiner positiven Eigenschaften kann ich einsetzen, um mein Ziel zu erreichen?

Welche Schwächen habe ich?
Welche meiner negativen Eigenschaften könnte mich hindern, mein Ziel zu erreichen?

Analyse der Chancen und Risiken

Welche Chancen bietet mir mein Ziel? Welchen Nutzen habe ich, wenn ich es erreicht habe?

Welche Risiken birgt dieses Ziel in sich? Welche Nachteile könnten mir daraus entstehen?

29

Analyse des Umfeldes und der Situation

Welche Personen, Informationen, Umstände und Sachverhalte sind meinem Ziel förderlich? Wie kann ich sie für mein Ziel nutzen?

Welche Personen, Informationen, Umstände und Sachverhalte sind meinem Ziel hinderlich? Wie kann ich ihren Einfluss verhindern?

1.7 Ihr persönlicher Zielvertrag

Sollten Sie Ihr Ziel nicht erreichen, kann es u. a. daran liegen, dass Sie Ihre Kraft, Ihre Willensstärke, Ihr wirtschaftliches Leistungsvermögen, Ihre geistigen Voraussetzungen oder Ihr soziales Umfeld falsch eingeschätzt haben. Ihre Zielanalyse hatte also Fehler. Wenn Sie aber meinen, die Lage, Ihre Kräfte und den Zeitpunkt richtig einzuschätzen, dann formulieren Sie nun Ihr exaktes Ziel. Bitte benutzen Sie dazu das Arbeitsblatt „Persönlicher Zielvertrag" auf den folgenden Seiten.

Mein persönlicher Zielvertrag

Ich

....

bin es mir wert, diese Ziele zu erreichen:
Darum schließe ich mit mir diesen Vertrag.

Welche Absichten will ich schon länger in die Tat umsetzen?
Was will ich für mich persönlich erreichen oder verbessern?
Wie will ich werden?

Was wird für mich gesichert sein, wenn ich meine Absicht
realisiert habe? Was wird sich mit meinem Ziel verändern?

Was will ich ganz konkret erreichen? Wie sieht der Zielzustand
aus? Wie stelle ich ihn mir bildlich vor?

Wie viel will ich exakt erreichen? Was ist/sind die Sollgröße/n?

Was brauche ich, um mein Ziel zu erreichen? Welche Personen,
Informationen und Gegenstände könnten mir nützlich sein?

In welcher Reihenfolge will ich mein Ziel erreichen?
Bis wann will ich mein Ziel erreicht haben?

Welche Zwischenziele will ich bis wann erreicht haben?

✎ _____

Was werde ich noch in dieser oder in der nächsten Woche tun, um mein Ziel zu erreichen?

✎ _____

Wie weiß ich oder woran erkenne ich, ob ich meine Absicht in die Tat umgesetzt habe?

✎ _____

Habe ich ein ähnliches Ziel beruflich oder privat schon einmal erreicht? Falls ja, was habe ich damals gemacht?

✎ _____

Wie würde ich mich jetzt verhalten, wenn ich das Ziel schon erreicht hätte?

✎ _____

Was müsste ich persönlich aufgeben (z.B. Annehmlichkeiten), um mein Ziel zu erreichen? Will ich diesen Preis bezahlen?

✎ _____

Wenn ich jetzt an den Zeitpunkt denke, an dem ich mein Ziel erreicht haben werde, was habe ich dann tatsächlich erreicht?

✎ _____

Was wäre der schlimmste Fall, wenn ich mein Ziel nicht erreiche? Welche Zielalternativen hätte ich?

✎ _____

Ort, Datum und Unterschrift

1.8 Einige Fragen zu Ihrer Selbstkontrolle

Nachdem Sie nun Ihren persönlichen Zielvertrag mit sich abgeschlossen haben, beantworten Sie bitte die folgenden Fragen, um festzustellen, ob Sie Ihr Ziel exakt formuliert haben:

• Ist Ihr Ziel konkret?

Beispiel: Im Beruf weiterkommen wollen ist eine Absicht, aber kein konkretes Ziel. Konkret wird diese Absicht erst, wenn Sie sich z. B. vornehmen, Gruppenleiter zu werden.

Ein konkretes Ziel

✎ ❏ ja   ❏ nein

• Ist Ihr Ziel präzise?

Haben Sie Sollwerte angegeben, die Sie erreichen wollen? Wenn das so genau nicht möglich ist, behelfen Sie sich mit Ober- und Untergrenzen. Statt „so viel wie möglich" sollte es heißen „mindestens ..., höchstens ...". Vermeiden Sie Umschreibungen wie „beträchtlich", „genügend" oder „angemessen" und formulieren Sie so, dass Sie die Erreichung Ihres Ziels möglichst ohne Interpretationsstreit kontrollieren können. Ziele geben die Richtung an, Sollwerte präzisieren die Ziele, indem sie angeben, wann ein Ziel erreicht ist. Ohne exakte Zielgrößen ist eigentlich jedes Ergebnis richtig.

Ein präzises Ziel

✎ ❏ ja   ❏ nein

• Haben Sie Ihr Ziel terminiert?

Auch hier können Sie mit gewissen Bandbreiten arbeiten. Statt einer Formulierung wie „sobald wie

Ein terminiertes Ziel

möglich" formulieren Sie „frühestens am ..., spätestens am ...". Je länger es dauert, ein Ziel zu erreichen, umso notwendiger sind terminierte Zwischenziele.

Bitte formulieren Sie als Ziel möglichst einen Endzustand und nicht Tätigkeiten oder Maßnahmen dorthin. Statt einer Formulierung wie „bis zum 31.1.2001 10 kg abnehmen" heißt es besser „am 31.1.2001 10 kg abgenommen haben". Formulieren Sie Ihr Ziel also im Perfekt.

✎   ❑ ja   ❑ nein

• Ist Ihr Ziel realistisch und widerspruchsfrei?

Ein realistisches Ziel

Zukünftige Zustände müssen auf der Basis einer gut begründeten Prognose zunächst als real mögliche erkannt worden sein, ehe sie zum Ziel werden. Sind, von der heutigen Situation ausgehend, alle Voraussetzungen gegeben, um Ihr Ziel durch praktisches Tun zu erreichen? Ihr Ziel ist nur dann real, wenn Sie auch über die nötigen materiellen und ideellen Mittel verfügen, es zu realisieren. Ohne diese Mittel bleibt Ihr Ziel eine Illusion.

Im Zusammenhang damit muss auch gefragt werden, ob das Ziel widerspruchsfrei ist. Sie können nicht zugleich Tennismeister und Vorstandsvorsitzender eines Unternehmens werden wollen. Niemand kann zur selben Zeit zwei verschiedene Richtungen beschreiten. Hier wäre ein Zielkonflikt vorprogrammiert. Zudem gilt:

Der Starke, der seine Kräfte zersplittert,
erreicht weniger als der Schwache,
der seine Kraft auf ein Ziel konzentriert.

Wenn Sie gleichzeitig zwei Ziele verfolgen, entzweien Sie sich und verzweifeln schnell. „Ich jage niemals zwei Hasen auf einmal", sagte der alte Bismarck. Wenn Sie an einem Ziel arbeiten, sind Sie in der Einheit mit sich. Also, ist Ihr Ziel realistisch?

❏ ja   ❏ nein

„Ich jage niemals zwei Hasen auf einmal." (Bismarck) Sie entzweien sich. Mit einem Ziel sind Sie in der Einheit mit sich.

• Ist Ihr Ziel aus eigener Kraft erreichbar?

Ein erreichbares Ziel

Sie sollten weiterhin prüfen, inwieweit Sie dieses Ziel unabhängig von anderen erreichen können. Wenn die Erreichbarkeit vom Wohlwollen anderer abhängig ist, sollten Sie andere Ziele anvisieren, nämlich solche, die Sie aus eigener Kraft realisieren können. Soweit Sie in einem Unternehmen Ziele setzen, bei denen Sie aus der Logik der Zusammenarbeit heraus von anderen abhängig sind, ist es notwendig, sich mit diesen horizontal und vertikal abzustimmen.

✎   ❏ ja   ❏ nein

In der Psychologie gibt es ein Forschungsgebiet, das sich „Illusion des Einflusses" nennt. Einfach ausgedrückt, besagen die Erkenntnisse daraus, dass Menschen, die glauben, einen gewissen persönlichen Einfluss auf ihr Geschick zu haben, ihre jeweilige Aufgabe disziplinierter verfolgen als andere. Sie leisten in der Regel auch mehr.

• Ist Ihr Ziel persönlich erstrebenswert?

Ein erstrebenswertes Ziel

Motiviert Sie Ihr Ziel? Bringt es Ihnen einen Nutzen? Wichtig ist, dass Sie den Nutzen innerlich sehen. Um bei dem EDV-Beispiel zu bleiben: Das Lernen ist kein Selbstzweck. Sie wollen vielleicht einen Computer bedienen können. Davon und von den daraus resultierenden Vorteilen müssen Sie sich ein Bild machen. Damit geben Sie Ihrem Ziel Energie.

✎   ❏ ja   ❏ nein

Affirmieren Sie Ihr Ziel

Außerdem sollten Sie Ihr Ziel affirmieren (lat. firmus = fest, stark, kräftig), d. h. positiv verstärken. Den

Nutzen solcher Affirmationen kennt man aus der Führungspsychologie. Wird ein als gut empfundenes Verhalten sofort positiv verstärkt, z. B. durch ein anerkennendes Wort, dann wiederholt der so Angesprochene in der Regel sein Verhalten, denn der Mensch hat ein angeborenes Bedürfnis, Lustempfindungen zu wiederholen.

Solche Affirmationen erreichen Sie, indem Sie sich belohnen oder sich selbst Anerkennung aussprechen. Sie erreichen Sie auch, wenn Sie Ihr Ziel oder Zwischenziel erreicht haben. Feiern Sie Ihre Erfolge, auch die kleinen!

- Ist Ihr Ziel positiv bzw. konstruktiv formuliert?

Achten Sie darauf, dass Sie sich nicht das Abgewöhnen schlechter Gewohnheiten als Ziel setzen, also z. B. „Ich will nicht mehr so gereizt auf meine Mitmenschen reagieren." Formulieren Sie stattdessen das positive Gegenteil, etwa so: „Ich werde jeden meiner Kollegen jeden Morgen sehr freundlich begrüßen." Formulierungen mit negativem Vorzeichen erinnern Sie immer wieder an das, was Sie eigentlich vermeiden wollen.

Ein positiv formuliertes Ziel

✎ ❏ ja ❏ nein

Eine falsche Zielformulierung, weil negativ:
„Ich will nicht mehr so gereizt auf meine Mitmenschen reagieren."

Eine richtige Zielformulierung, weil positiv:
„Ich werde jeden meiner Kollegen jeden morgen sehr freundlich begrüßen."

• Haben Sie Ihr Ziel schriftlich fixiert?

Ein schriftlich fixiertes Ziel

Erinnern Sie sich an das Sprichwort „Aus den Augen, aus dem Sinn"? Deshalb sollten Sie Ihr Ziel schriftlich formulieren. Indem Sie es aufschreiben, bekommt es programmatischen Charakter und wirkt auch optisch als Erinnerungshilfe. Am besten hängen Sie Ihr Zielformular sichtbar auf oder schreiben es in eine häufig benutzte Unterlage, z.B. in den Kalender.

✎   ❏ ja   ❏ nein

• Ist Ihre Zielerfüllung kontrollierbar?

Ist die Erfüllung des gesetzten Zieles kontrollierbar durch den Vergleich von Soll und Ist? Wenn Ihr Ziel nicht gemessen, gezählt oder gewogen werden kann, sollte zumindest eine neutrale Person beurteilen können, ob es erreicht wurde.

Ist Ihr Ziel Soll-Ist-fähig?

✎   ❏ ja   ❏ nein

1.9 Vom Ziel zur Tat

Wenn Sie alle oben gestellten Kontrollfragen mit „ja" beantwortet haben, ist Ihre Zielsetzung beendet. Nachdem Sie mit sich selbst einen Zielvertrag bzw. eine persönliche Erfolgsversicherung abgeschlossen haben, verfügen Sie jetzt über klare Vorstellungen, was Sie wollen. Ihr Ziel ist präzise formuliert. Ihre Pflicht ist es nun, die Prämien für diese Erfolgsversicherung in Form praktischen Tuns zu leisten. Zum Müssen, Können und Wollen muss jetzt das Handeln kommen. Der Weg zum Erfolg geht nur über das eigene Tun. Mit Ihrem Zielvertrag haben Sie einen Wegweiser für Ihr Handeln.

Der Weg zum Erfolg geht nur über das eigene Tun

Seien Sie von der Realisierbarkeit Ihres Zieles überzeugt. Richten Sie Ihre Gedanken auf dieses Ziel aus. Ziele wirken wie Magneten. Diese Magneten ziehen Sie vorwärts. Da Sie jetzt bewusste Ziele haben,

Beziehen Sie Ihr Unterbewusstsein ein

richten sich auch Ihre unterbewussten Kräfte darauf aus. Was Sie sich realistisch vorstellen können, ist in der Regel auch zu erreichen. Nur wenn Sie sich Ihre Gegenwart besser vorstellen können, verfügen Sie über eine Zukunft. Das Unterbewusstsein programmiert das Tun. Setzen Sie sich nicht selber Grenzen, die Sie noch nie ausgereizt haben. Denn:

> *„Nicht weil es so schwer ist,*
> *versuchen wir es nicht.*
> *Es ist so schwer, weil wir es nie versuchen."*
> *(Seneca)*

Daraus folgt meines Erachtens, dass Sie nicht nur dafür verantwortlich sind, was Sie tun, sondern auch für das, was sie nicht tun.

Konkrete Ziele wirken wie Magneten.

Erreichen Sie Ihr Ziel, dann haben Sie ein Erfolgserlebnis. Seine Ziele nicht zu erreichen ist weniger tragisch, als keine zu haben. Sehen Sie sich nicht als Versager. Zum Versager werden Sie nur dann, wenn Sie aufhören, es zu versuchen. Wenn Sie Ihr Ziel aber nicht erreichen, weil sich z. B. die Randbedingungen fundamental geändert haben, dann nutzen Sie den Lerneffekt.

Machen Sie Misserfolge zu Lernerfolgen

Machen Sie den Misserfolg zum Lernerfolg! Untersuchen Sie genau, woran es gelegen hat, dass Sie Ihr Ziel nicht erreicht haben. Das nennt man die Abweichungsanalyse. Sie geht fließend über in die neue Situationsanalyse. Formulieren Sie das Ziel mit Ihrer inzwischen gewonnenen Erfahrung neu. Ziele festzulegen ist in den meisten Fällen kein einmaliger Vorgang, sondern ein Rückkoppelungsprozess, bei dem Soll und Ist ständig überprüft werden, ähnlich wie bei einem Thermostat. Wenn Sie auf dem falschen Weg sind, sollten Sie spätestens jetzt umkehren.

Überlegen Sie, was Sie in Ihrem Leben alles ohne Ziele erreicht haben. Und wie viel mehr könnten Sie erreichen mit klaren, gewollten und bewussten Zielen? Niemand kann Sie von Ihren Zielen abhalten, außer Sie selbst.

Darum empfehle ich Ihnen, unverzüglich an die Umsetzung Ihres/r Ziele/s zu gehen. Auch für Sie gilt die Zwei-Tages-Regel: Wenn Sie Ihr Ziel nicht innerhalb der nächsten zwei Tage angehen, dann schaffen Sie es später auch nicht mehr. Darum: Do it now!

Die Zwei-Tages-Regel

Literatur:

1 Thomas J. Peters, Robert H. Waterman jun.: *Auf der Suche nach Spitzenleistungen,* Landsberg 1993, S. 322
2 Thomas J. Neff / James M. Citrin: *Lessons from the top,* New York 1999
3 Gertrud Höhler: *Spielregeln für Sieger,* Düsseldorf 1996
4 Rolf Berth: *Erfolg,* Düsseldorf 1993, S. 93

2. So erreichen Sie Ihre Ziele

Viele Menschen blicken neidvoll auf andere, die es geschafft oder zu „etwas gebracht" haben. Voller Bewunderung spricht man von denen „da oben", den Managern, Sportlern, Schauspielern, Schriftstellern, Künstlern, Wissenschaftlern und Politstars. Der Erfolg dieser Menschen begründet sich unterschiedlich. Der bekannte Harvard-Psychologieprofessor Howard Gardner meint: *„Es gibt Hunderte und Aberhunderte von Wegen zum Erfolg und viele, viele verschiedene Tätigkeiten, mit denen man ihn erreicht."*[1] Vielleicht gab es einige Glückskinder oder solche, die durch genügend Vitamin B(eziehung) erfolgreich wurden. Andere besaßen vielleicht das richtige Parteibuch, ein dickes Konto oder aber eine besonders ausgeprägte Begabung auf einem bestimmten Gebiet. Wer schon mit dem genetisch „richtigen" Code auf die Welt kam, hat oft schon für sein Leben ausgesorgt. Aber ist das Erfolg?

Der Begriff Erfolg ist schwer definierbar, da er viele subjektive Wertungen enthält. Es handelt sich um einen übergeordneten Begriff für alle Arten erreichter Ziele. Trotzdem soll hier der Versuch einer Definition gemacht werden:

Was ist Erfolg?

Erfolg ist, ein anspruchsvolles Ziel zu erreichen.

Es ist auch die Fähigkeit, Probleme zu lösen, Hindernisse zu überwinden und unter Einsatz von Mitteln und Zeit seine Ziele zu erreichen.

Erfolg zu wollen ist die Triebkraft, aus der Handlungen ihre Energie schöpfen. Erfolg zu haben ist ein innerer Zustand des Spannungsausgleichs zwischen der Unzufriedenheit über eine Situation in der Vergangenheit und der Zufriedenheit über das erreichte Ziel in der Gegenwart. Darum muss Erfolg nichts Spektakuläres sein, sondern kann einer inneren Reise ähneln, deren Ziel erreicht ist. Welche anspruchsvollen Ziele haben Sie in Ihrem Leben bereits erreicht, liebe Leserin, lieber Leser? Wenn Sie diese Frage beantworten können, fällt es Ihnen sicherlich leicht, die folgende Aufgabe mitzumachen.

Welches waren Ihre größten Erfolge in Ihrem Privat- oder Berufsleben?	Warum hatten Sie Erfolg? Welche Verhaltensweisen oder Aktionen haben den Erfolg bewirkt?

Bitte beachten Sie insbesondere Ihre Antworten auf die Frage nach den erfolgsauslösenden Ursachen. Diese sind die Basis, um neue Erfolge herbeizuführen.

2.1 Was Sie von Spitzenkönnern lernen können (Erfolg modellieren)

In der Wirtschaft gibt es eine Methode, die viele Unternehmen anwenden. Sie nennt sich „Benchmarking" (trigonometrischer Punkt) und dient als Maßstab für die eigene Leistungsfähigkeit im Vergleich zu anderen Unternehmen. Ziel des Benchmarking ist das ständige Verbessern der eigenen Leistung. Zu diesem Zweck orientiert man sich an den „Klassenbesten", um aus deren „best practice" zu lernen. Diese Methode können Sie für Ihre Zwecke nutzen, indem Sie die Erfolgsrezepte erfolgreicher Menschen untersuchen. Es liegen genügend Erfahrung und Material vor, um daraus für Ihre Zwecke schöpfen zu können. Zuvor lade ich Sie zu einer Übung ein, die sich „Modellieren" nennt. Dabei werden Fähigkeiten und Verhaltensweisen besonders erfolgreicher Leute untersucht, um sie Erfolgssuchenden als Hilfe anzubieten. Ähnliches kennt man vom Leistungssport: Junge, leistungsorientierte Sportler studieren genau die Techniken, Taktiken und Stile der Spitzensportler, um die eigene Leistung zu steigern.

Benchmarking

Die Wirtschaft nutzt das Modellieren von Spitzenleistungen auch, um bei Managern und Verkäufern höhere Leistungen zu erzielen. In meiner Funktion als Unternehmensberater und Trainer hatte ich einen Auftrag, bei dem es unter anderem darum ging, festzustellen, warum fünf Mitarbeiter einer Werbeagentur mit ihren Ideen und Strategien andere Kollegen weit überflügelten. Nach vielen Gesprächen und eigener Mitarbeit in der Agentur fand ich heraus, dass sich diese „Spitzenkönner" durch folgende Verhaltensweisen von ihren Kollegen unterscheiden:

Modellieren

45

**Verhaltensweisen
von Spitzenkönnern**

- *Sie verhalten sich extrem kunden- bzw. umfeldorientiert.*
- *Sie arbeiten planvoll und zielbezogen.*
- *Sie verfügen über eine wirksame Selbstorganisation.*
- *Sie haben das richtige Gespür für den Umgang mit Menschen.*

Die Spitzenkönner bestätigten mir diese Erfolgsmerkmale, obwohl sie ihnen bis dahin nicht bewusst geworden waren. Danach wurden sie den übrigen Kollegen vorgestellt. Auch sie bezeugten das Vorhandensein der ermittelten Erfolgsfaktoren. Gleichzeitig wurden ihnen die Erfolgswerkzeuge der „Vorbilder" zur Nutzung angeboten. Diejenigen, die sie nutzten, konnten damit ihre Arbeitsergebnisse steigern. Aber auch die „Spitzenkönner" verbesserten nochmals ihre Leistungen, nachdem ihnen bewusst geworden war, worauf ihre Erfolge zurückzuführen sind.

In diesem Zusammenhang möchte ich nochmals die Studie „Lessons from the top" erwähnen, die das renommierte US-Meinungsforschungsinstitut Gallup erstellte. In einem aufwendigen Selektionsverfahren wurden aus etwa 500 US-Wirtschaftsführern die fünfzig besten herausgefiltert. Die Forscher korrelierten schließlich die für den Geschäftserfolg als wichtig anerkannten Persönlichkeitsfaktoren mit den Geschäftsergebnissen der Unternehmen, die von diesen Personen geführt werden. Heraus kam eine Liste derer, von denen man lernen kann.

Von den Besten lernen
Die Erfolgsprinzipien der 50 erfolgreichsten US-Manager [2]

Lebensläufe	Strategien	Persönlichkeit	Empfehlungen
Erfolg ist keine Frage des Alters, des Geschlechts oder des Sternzeichens.	Sie haben große Ideen und verfügen über viel Überzeugungskraft.	Sie sind Manager aus Leidenschaft.	Wer Erfolg sucht, sollte allen Patentrezepten, Traktaten, Daten u. Ä. misstrauen.
Erfolgreiche kommen aus unterschiedlichen Sozialschichten und verschiedenen Nationalitäten.	Sie sind krea(k)tiv und wirken inspirierend auf ihre Mitarbeiter.	Sie verfügen über eine hohe Intelligenz und können klar denken.	Erfolg setzt Offenheit für kreative Impulse voraus.
Sie betrachten Zufälle als ihre Verbündeten und nicht als Störungen linearer Lebensläufe.	Sie umgeben sich mit guten Leuten und dulden Bessere neben sich; das drückt sich auch in ihren Karriere- und Entlohnungssystemen aus.	Sie sind gute Kommunikatoren gegenüber Mitarbeitern, Aktionären, Kunden usw.	Beharrlichkeit ist das wichtigste Kriterium für den Erfolg.
Fazit: Alles ist möglich.	Sie erkennen die Zeichen der Zeit und verstehen es, diese für ihr Geschäft zu nutzen.	Sie sind frei von Ängsten und krisenresistent.	Wer Erfolg will, sollte sich mit Menschen umgeben, die anders sind als er selbst.
	Sie sind extrem kundenorientiert und verstehen es, Kunden auch zu überraschen.	Sie sind, jeder auf eine andere Art, trotz der Alltagshektik zum inneren Frieden fähig.	Erfahrungen sind der beste Lernstoff, besonders solche aus Krisen und Rückschlägen.
	Sie halten ihre Organisationen flexibel.	Sie sind bescheiden, wenn es um die Erklärung ihres Erfolges geht, und weisen diesen eher ihrem Team zu.	Die Zukunft ist ein wertvoller Rohstoff, der erst mit Hilfe menschlicher Phantasie Gestalt annimmt.
	Sie sind integre Führungspersönlichkeiten mit Vorbildwirkung.	Sie legen Wert auf die Erfahrungen ihres Lebens und nutzen diese.	

Suchen Sie sich ein Modell

Welche Verhaltensweise(n) wollen Sie bei sich entwickeln, um Ihre Ziele zu erreichen? Denken Sie zunächst einmal an eine konkrete Person in Ihrem Umfeld (Familie, Verein, Arbeit), von der Sie meinen, sie sei erfolgreich hinsichtlich dieser Verhaltensweisen. Was zeichnet diese „Erfolgsperson" aus? Welches sind ihre besonderen Merkmale z. B. hinsichtlich Persönlichkeit, Wertesystem, Talenten, Aussprache, Kommunikation, Denk- und Arbeitsweise, Freizeitverhalten und Lebensführung? Gehen Sie gedanklich in einen Wettbewerb mit dieser Person, denn Wettbewerb spornt an. Benutzen Sie das dafür vorgesehene Arbeitsblatt auf der nächsten Seite.

**Welche Verhaltensweisen , Merkmale und Eigenschaften
zeichnet eine Ihnen bekannte Erfolgsperson aus?**

An wen denken Sie?

Überlegen Sie, welche Verhaltensweisen Sie bei sich entwickeln wollen

Nun, liebe Leserin, lieber Leser, welche der modellierten Eigenschaften, Merkmale oder Handlungsweisen können oder wollen Sie bei sich stärker entwickeln oder nutzen, um Ihr(e) Ziel(e) zu erreichen? Versuchen Sie aber nicht, jemand anderes werden zu wollen, indem Sie Ihr „Modell" kopieren. Fügen Sie vielmehr die von Ihnen als positiv erkannten Verhaltensweisen in Ihr eigenes Verhaltensrepertoire ein.

Parallelen zwischen unternehmerischen und persönlichen Erfolgsfaktoren

Es gibt viele Parallelen zwischen unternehmerischen und persönlichen Erfolgsstrategien, zumal viele persönliche Erfolgsbiographien zugleich unternehmerische Siegesstrategien sind. Man denke an die Erfinderunternehmer des letzten Jahrhunderts, an Bosch und Daimler oder aktueller an die Apple-Gründer Steven P. Jobs und Steve Wozniak, an Manfred von Ardenne sowie an Bill Gates, um nur eine kleine Auswahl stellvertretend für viele andere zu nennen.

2.2 Erfolg ist die Folge von zielgerichteten Handlungen

Es gibt viele Wege zum Erfolg

Für den Erfolg gibt es verschiedene Stilrichtungen. Das hat der englische „Erfolgsspezialist" Edward de Bono in seinem Buch „Taktiken und Strategien erfolgreicher Menschen" nachgewiesen[3]. Auch Wolf Schneider hat in seinem Buch „Die Sieger" publizistisch anschaulich dargestellt, dass der Erfolg viele Mütter und Väter, vielerlei Ursachen und Auslöser hat[4]. Eine wissenschaftliche Studie aus dem Jahre 1999 bestätigt ihn. Über die 50 erfolgreichsten Manager ist zu erfahren, dass es fast keine Gemeinsamkeiten der Lebenswege gibt. Sie sind Akademiker oder Autodidakten, Amerikaner oder Ausländer, jung oder alt, kommen aus guten und schlechten, aus armen und reichen Elternhäusern, sind Männer und Frauen und verteilen sich über die Sternbilder. Es herrscht ein ziemliches Durcheinander von Lebenswegen, Lebensregeln, Lebensentwürfen und Lebenswerken. Holger Rust resümiert: *„Alles scheint möglich, und alles, was möglich ist, scheint es auch zu geben."*[5] Was folgt daraus für Sie, liebe Leserin, lieber Leser? Bauen Sie die Stärken und Vorzüge Ihres Stils aus, anstatt ihn zu manipulieren. Bitte glauben Sie auch nicht, dass Ihnen die vielen Bücher zum Thema Erfolg den „Sieg" garantieren. Im Verzeichnis lieferbarer Bücher (VlB) sind auf mehreren eng beschriebenen Seiten Dutzende von diesbezüglichen Titeln aufgelistet. In vielen dieser Bücher wird positiv gequacksalbert, ohne jede strategische Fundierung. Der bloße Appell, positiv zu denken, nützt wenig, denn Erfolg ist die $F \rightarrow o \rightarrow l \rightarrow g \rightarrow e$ konkreter Ziele und Handlungen.

Viele Wege führen nach Rom. Manche Wege müssen auch doppelt beschritten werden. Wer ein Ziel erreichen will, braucht eine gute Ausrüstung, die u. a. dieses enthalten muss:

- *Konzentration*
- *Inspiration*
- *Intuition*
- *Disziplin bzw. Fleiß*
- *Arbeitsökonomie*
- *Planung*
- *Risikobereitschaft*
- *Lernbereitschaft*
- *Handlungsbereitschaft*
- *Mut und Entschlusskraft*
- *Optimismus.*

Rüstzeug für den Erfolg

51

Erfolg als Netzwerk

Bei diesem „Rüstzeug" handelt es sich um Persönlichkeitsmerkmale bzw. Verhaltensweisen, die teilweise für sich allein, aber in der Regel kombiniert wirken. Den Erfolg kann man sich wie ein Netz vorstellen. Zieht man an einem Ende dieses Netzes, hat das Wirkungen bis hin zum anderen Ende. Wer bereit ist, Risiken einzugehen, leitet damit auch erste Handlungen ein. Wer diese erfolgreich zu Ende bringen möchte, muss lernbereit sein.

Eine Tonne Begeisterung bleibt nutzlos ohne eine Unze Methodik

Zur Lernbereitschaft müssen sich die Inspiration und die Intuition gesellen. Doch eine Tonne Inspiration und Intuition, ja selbst Motivation bleibt wirkungslos, wenn nicht wenigstens eine Unze Methodik hinzugefügt wird. Sie sichert den wirtschaftlichen Umgang mit der kostbarsten Ressource aller Menschen, der Zeit. Darum gehört zu einer guten Arbeitsmethodik ein zielorientiertes Zeitmanagement, zu dem Sie mehr im 3. Kapitel dieses Buches erfahren.

Was den schlechtesten Maurer gegenüber der besten Biene auszeichnet

Wenn Sie ein Ziel verfolgen, müssen Sie planvoll vorgehen. Die Fähigkeit, Handlungen gedanklich vorwegzunehmen, unterscheidet uns Menschen vom instinktiv handelnden Tier. Eine Biene beschämt mit dem Bau ihrer schönen und präzise geformten Wachszellen manchen Maurer. Was aber den schlechtesten Maurer gegenüber der besten Biene auszeichnet, ist, dass er seine „Zellen" vorher im Kopf baut, bevor er sie aus Stein und Zement formt. Die Biene dagegen geht scheinbar planlos vor. Der Maurer schafft ein Produkt, das schon vor der Fertigstellung als Plan in seinem Kopf vorhanden war. Ziele existieren also nur dort, wo menschliches Bewusstsein zukünftige Zustände gedanklich vorwegnehmen und menschliches Handeln wünschenswerte Zustände herbeiführen kann.

Obwohl wir unsere Handlungsweisen durchdenken und planen, erledigen wir doch vieles instinktgesteuert. Es steckt noch immer ein Teil des spontanen Reaktionsmechanismus unserer tierischen Urahnen in uns. Handlungen erfolgen instinktiv statt intelligent. Anders ausgedrückt: Viele unserer Handlungen kommen aus dem Stamm- und Kleinhirn, ohne das Großhirn einzubeziehen. Spontane Reaktionen sind die schnellste und einfachste Art, auf Situationen bzw. auf Probleme zu reagieren. Mit Verstand zu reagieren erfordert mehr Zeitaufwand und Nachdenken. Letzteres wird als Anstrengung empfunden, das spontane Reagieren funktioniert fast von selbst.

Spontan handeln ist gut, bewusst handeln ist besser

Ich will das spontane Reagieren hier nicht abwerten. Spontaneität drückt Natürlichkeit und Ehrlichkeit aus. Wenn Sie aber ein Ziel verfolgen, dann sollten Sie sich einen roten Faden knüpfen, um die Hauptrichtung beizubehalten.

Die konsequente Umsetzung arbeitsmethodischer Grundsätze ermöglichte den Übergang von der handwerklichen zur industriellen Fertigung. Das bewirkte gewaltige Produktivitätsfortschritte mit ihren positiven wie auch negativen Folgen für die technische Entwicklung und das gesellschaftliche Zusammenleben. System und Methode sind das notwendige Gerüst für jede Art von Handlung, die auf den Lebens- und Berufserfolg zielt. Altbundeskanzler Helmut Kohl ist ein lebendes und bekanntes Beispiel für systematisches Vorgehen und Aussitzen. Die Zeitschrift „Der Spiegel" schreibt: *„Dem Zufall überlässt er nichts. Hinter seinem Erfolg steckt System, und das System beherrscht nur einer: Kohl."*[6]

Arbeitsmethode als Grundlage des industriellen Fortschritts

Was sonst noch den Erfolg fördert: Gedächtnistechnik

Ein Sprichwort sagt: „So wie man sich bettet, so liegt man." Darum ist auch ein gut eingerichteter Arbeitsplatz wichtig, um erfolgreich zu sein. Zum arbeitsmethodischen Grundwerkzeug gehört ebenso eine gute Lern- bzw. Gedächtnistechnik, sozusagen als Software für die Kopfarbeit.

Voraussetzungen für den Erfolg

Natürlich fördern auch soziale Verhaltensweisen den Erfolg, z. B. eine partnerzentrierte Kommunikation oder teamführende Kooperation. Diese sind besonders dort gefragt, wo der Erfolg nur im Zusammenwirken mit anderen Menschen, Kollegen, Partnern, Freunden und Mitarbeitern erreicht werden kann. Der sächsische Ministerpräsident Kurt Biedenkopf sagte einmal von Helmut Kohl: „Der Mann kann telefonieren, das ist eine Gnade." Dank seiner guten Personenkenntnis und seinem phänomenalen Gedächtnis verfügt Helmut Kohl über ein komplettes personelles Kommunikationssystem, das die wichtigsten Eliten Deutschlands umfasst. Wie man inzwischen weiß, spielte auch sein System der Geldzuwendungen dabei eine wichtige Rolle.

Kommunikation und Kooperation

Auch kreative Fähigkeiten sind häufig ein wichtiges Teilchen im Erfolgspuzzle. Doch weder die soziale Kompetenz noch der Ideenreichtum für sich allein garantieren, dass das Ziel erreicht wird. Es gibt Menschen, die erfolgreich sind, aber zu den ausgesprochenen „Stinkstiefeln" gehören. Andere Menschen sind kreativ, aber ohne jeden Neuerungsimpuls.

Kreativität

Viele kompensieren eine fehlende Arbeitsökonomie durch großen Fleiß und viel Disziplin. Soziale Kompetenz und Kreativität wirken zwar auf die Qualität des Erfolges, der aber nichtsdestotrotz konkreter Handlungen und vieler Zwischenetappen bedarf.

Fleiß und Disziplin

Um Erfolge zu erzielen, gibt es zwei Hauptwege:

Zwei Hauptwege zum Erfolg

1. *Den Weg vom Ziel zum Erfolg.*
2. *Den Weg von der Handlung zum Erfolg.*

55

Der Unterschied besteht darin, dass im ersten Fall klare Vorstellungen darüber bestehen, was erreicht werden soll. Im zweiten Fall gilt die Maxime: „Der Weg ist das Ziel". „Sich regen bringt Segen" ist hier die strategische Ausgangsposition. Auf dem Weg werden die Ziele klarer, u. a. indem man öfter stehen bleibt, prüfend zurückblickt und über die weitere Marschrichtung nachdenkt. Es ist das, was Picasso einmal so ausdrückte: „Ich suche nicht, ich finde"

lineare Strategie

ZIELORIENTIERT

- Zielsetzung
- Planung
- Entscheidung
- Realisation
- Kontrolle

nicht-lineare Strategie

WEGORIENTIERT

- Suchen, um zu finden
- Probieren geht über studieren
- Sich regen bringt Segen
- Handlung aus der Handlung
- Der Weg ist das Ziel
- Die Bewegung ist alles, das Ziel ist nichts

Grundstrategien für den Erfolg

2.3 Das Beispiel des Christoph Kolumbus

Der Erfolg hat viele Väter. Dieses beweist die Biographie erfolgreicher Menschen und gelungener Projekte. Einige mögliche Erfolgsfaktoren wurden auf den vorherigen Seiten aufgeführt. Der eine schafft den Erfolg durch großen Fleiß. Ein anderer hat zum richtigen Zeitpunkt die richtige Idee. Manche nutzen ihre Kontakte und Kommunikationsstärke, um Verbindungen zu knüpfen, die Nutzen und Erfolg bringen. Andere fangen einfach etwas an, ungewiss, wie es ausgehen wird, und werden begleitet vom Glück des Tüchtigen. Meistens ist es nicht ein Verhalten allein, das den Ausschlag gibt. Erst die Kombination verschiedener Verhaltensweisen gibt dem Ziel die Basis und den Schwung, den Gipfel des Erfolges zu erklimmen.

Der Erfolg hat viele Väter

Am Beispiel von Christoph Kolumbus lässt sich das Zusammenspiel von Erfolgsfaktoren gut verdeutlichen. Der Entdecker der Neuen Welt war ein taktisches Genie mit pathologischen Zügen von Wagemut, Eitelkeit, Besessenheit und Egozentrik. Er trug ein Feuer in sich, das er für alle leuchten ließ.

Für den Schriftsteller Viktor Hugo liegt die Bedeutung des Christoph Kolumbus nicht darin, dass er Amerika entdeckte, sondern darin, dass er den Mut hatte, die Anker zu lichten. Sein Mut machte auch anderen Mut.

Mut als Erfolgsfaktor

Zu seiner Risikobereitschaft gesellten sich einige Irrtümer, denn er vermutete, nach etwa 4.000 km Seeweg Indien zu erreichen, obwohl es sich um 18.000 km handelte. Außerdem glaubte er dem jüdischen Propheten Esra, für den die Welt zu sechs Siebtel aus Land bestand.

Die Bedeutung von Zeit und Ort

Die Gunst der Stunde und des Ortes gab seinem Vorhaben den nötigen Aufwind. Der Landweg nach Indien war durch die türkische Eroberung von Konstantinopel seit 1453 unterbrochen, also musste ein Seeweg nach Indien gefunden werden. Das war auch im Interesse seiner Auftraggeber am spanischen Königshaus. Kurz zuvor war der Kompass erfunden worden, der ihm die Navigation für sein „Go-West-Abenteuer" ermöglichte. Seine Fürsprecher am Königshaus soufflierten dem Königspaar die Idee eines Seeweges nach Indien, in das Reich der Gewürze und Seide, so dass eine Audienz stattfand. Königin Isabella gefiel der couragierte Italo-Kapitän aus Genua. Die Majestäten bewilligten schließlich den Bau von drei Schiffen, die dem Kommando des Christoph Kolumbus unterstellt wurden.

Auf den richtigen Berater kommt es an

Damit war der Erfolg der Aktion jedoch noch längst nicht sichergestellt. Kolumbus wollte Sträflinge für seine Expedition anheuern. Das verhinderte Martin Alfonso Pinzon, ein reicher Reeder und erfahrener Kapitän. Er rekrutierte erfahrene Seeleute und war schließlich derjenige, der eine Meuterei am 21. Tag abwendete.

Zufall als Erfolgsfaktor

Im August 1492 segelte Kolumbus in die Welt seiner Phantasien und Irrtümer, angetrieben vom Wind, seinem Wagemut und seiner Besessenheit. Am 12. Oktober 1492 landete das Entdeckerteam auf den Bahamas. Seinen Weltruhm erlangte Kolumbus, weil er fand, was er nicht suchte, ohne dieses jedoch zu wissen. Ein geographischer Zufall begründete seinen Ruhm. Zwischen Europa und Indien hatte sich vor vielen Millionen Jahren eine Kontinentalbarriere gebildet, die man später Amerika nannte.

Dieses Amerika verfügt heute über die stärkste Wirtschaft der Welt. Über die 50 besten Manager dieser Wirtschaft erfährt man in „Lessons from the top", dass es Persönlichkeiten ohne Angst sind, die Krisen aushalten.

2.4 Vom Ziel zum Erfolg

Wenn Sie einmal Ihre Arbeit in elementare Tätigkeiten zergliedern, werden Sie arbeitsmethodische Grundfunktionen feststellen, die jeder Mensch erfüllt, gleichgültig, welche Tätigkeit er ausübt oder in welcher Position er dies tut.

* *Menschen denken,*
* *sondieren Chancen,*
* *informieren sich,*
* *planen,*
* *entscheiden,*
* *realisieren und*
* *kontrollieren.*

Arbeitsmethodische Grundfunktionen

Es gibt Menschen, die dieses bewusst und systematisch tun, andere dagegen eher unbewusst, und manche legen den Schwerpunkt zu sehr auf eine dieser Verhaltensweisen und übersehen dabei, dass es sich dabei um ein Netzwerk mit einer eigenen Ablauflogik handelt.

Schon nach dem Aufstehen entscheiden Sie, was Sie frühstücken wollen, planen den Tag, prüfen Ihr Wohlbefinden, informieren sich laufend über die Zeit, um rechtzeitig am Arbeitsplatz zu sein. Dort prüfen Sie zunächst, welche Aufgaben anliegen (Situationsanalyse), setzen sich Ziele oder vereinbaren welche mit anderen, planen die wichtigsten Ab-

Beispiel Tagesablauf

läufe, treffen Entscheidungen, kontrollieren, ob dieses oder jenes richtig läuft, und fragen sich am Abend selbstkritisch, wie der Tag denn so war.

Der Zielerreichungskreis als Steuerrad

Diese Grundfunktionen menschlichen Handelns wurden von Henri Fayol (1841-1925) bereits vor acht Jahrzehnten auf das Management bezogen herausgestellt und von anderen nach ihm weiterentwickelt. In seinem Hauptwerk „Administration Industrielle et Générale" stellte er fünf Grundelemente heraus, aus denen sich die Verwaltungsfunktion zusammensetzt: Voraussicht, Planung, Organisation, Koordinierung und Kontrolle[7]. Diese Grundfunktionen wurden später regelkreisförmig dargestellt und um weitere Funktionen, z. B. Information bzw. Kommunikation, angereichert. Durch das moderne Qualitätsmanagement erfuhr dieses Modell als Deming- bzw. PDCA-Kreis (Plan, Do, Check, Act) eine Renaissance. Eine Situation wird analysiert (Plan) und dann umgesetzt (Do). Danach erfolgt die Überprüfung (Check) und dann die Fixierung der neuen Methoden (Act). Dieses Kreismodell, wir nennen es fortan den Zielerreichungskreis, können Sie sich auch als Steuerrad vorstellen.

Sie sind Ihr eigener Steuermann und halten Ihre Zukunft in den Händen. Sie beginnt bei Ihnen und endet hier auch wieder. Sie haben die Verantwortung für alles, was Sie tun und lassen. Nun zu den einzelnen Funktionen des Zielerreichungskreises.

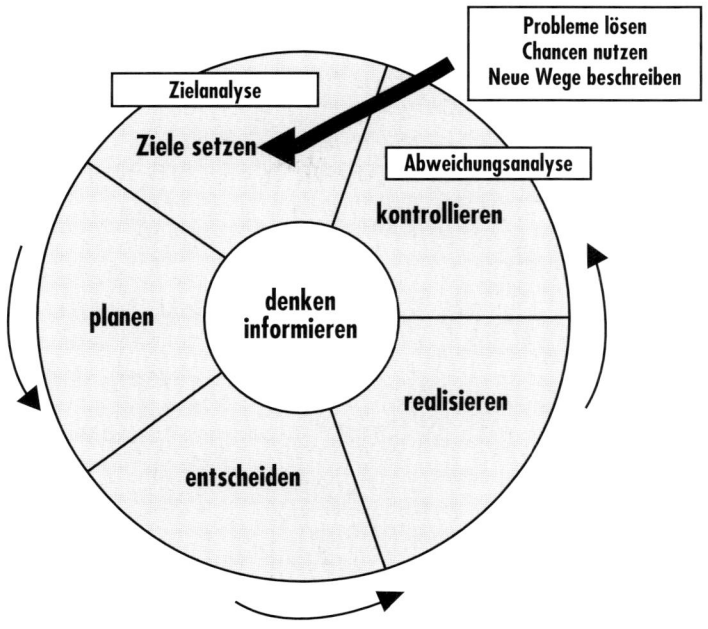

Zielerreichungskreis

1. Zielbezogen denken und sich informieren

Es gibt viele Gründe für Ziele, z. B. Probleme, die zu lösen sind, oder Chancen, die darauf warten, genutzt zu werden. Zwischen beiden besteht ein Zusammenhang. Wer Chancen nicht nutzt, hat bald ein Problem. Gegenüber den Chancennutzern gerät er ins Hintertreffen. Ein Problem liegt immer dann vor, wenn es einen defizitären Ist-Zustand gibt, dem der angestrebte Soll-Zustand gegenübersteht. Wenn Sie nun aus einem Problem heraus Ziele formulieren, dann müssen Sie das Problem zunächst genau definieren. Schauen Sie genau hin, denn hinter den vordergründigen Problemen verstecken sich die eher hintergründigen. Ein gut erkanntes Problem ist ein halb gelöstes. Lassen Sie sich vom Geist des Sprichworts „No problems, only opportunities" leiten. Ihr Erfolg entsteht aus gelösten Problemen, aber nur, wenn Sie selbst nicht das Problem sind, sondern ein Teil seiner Lösung. Schimpfen Sie nicht über die Dunkelheit, sondern entzünden Sie selbst ein Licht.

Sich auf das Ziel konzentrieren

Wenn Sie ein Ziel verfolgen, dann müssen Sie Ihre gesamte seelische Energie in einem Brennpunkt sammeln. Ihr Ziel muss zum Mittelpunkt Ihres Denkens und Handelns werden, um es zu erreichen. Je stärker Sie sich auf Ihr Ziel konzentrieren, umso stärker wird Sie dieses inspirieren. Während Sie sich auf Ihr Ziel konzentrieren, halten Sie eine Schublade geöffnet, während die anderen geschlossen bleiben.

Sich informieren und mit anderen kommunizieren

Um Ihre Ziele planen, erreichen und kontrollieren zu können, müssen Sie sich informieren, also „in Form-(ation) bringen". Ohne Information sind Sie genauso abgeschirmt wie ein Gefängnisinsasse. Wenn Sie abnehmen wollen, informieren Sie sich z. B. über diverse Diäten. Sie sollten aber auch andere informieren, damit diese von Ihrem Vorhaben wissen und Sie nicht mit süßen Schleckereien auf eine falsche Fährte bringen. Wenn Sie die Personen aus Ihrem Umfeld informieren, können Sie diese sozusagen als Regulativ nutzen. Das Gefühl, sich mit „Fehltritten" zu blamieren, wird Sie immer wieder motivieren, Ihrem Ziel treu zu bleiben.

Aktion setzt Reflexion voraus

Denken und Informieren stehen in der Mitte des Zielerreichungskreises, da sie eine zentrale Funktion haben. Ohne zu denken und sich zu informieren, ist es nicht möglich, Ziele zu setzen, diese zu planen, Entscheidungen zu treffen, Maßnahmen durchzuführen und diese zu kontrollieren. Leider verführt uns die Hektik des Umfeldes häufig zu einem blinden Aktionismus ohne gedankliche Fundierung. Wir sind

Schnellläufer des Handelns, ohne uns Zeit für den Langlauf des Überlegens zu nehmen. Und wir übersehen weiterhin, dass Informationen mit anderen Menschen kommuniziert werden müssen. In unserem Zeitalter des Informationsüberflusses leiden wir an einem erheblichen Mangel an Kommunikation.

2. Ziele setzen

Zu den Themen Zielsetzung und Zielanalyse haben Sie bereits in Kapitel 1 alles Wesentliche erfahren. Wenn Sie sich in einigen Punkten unsicher sind, blättern Sie bitte noch einmal zurück.

Zufällige Erfolge sind gut, aber selten. Geplante Erfolge sind besser und wiederholbar.

3. Ziele planen

**Planung setzt
Ziele voraus**

Ziele sind die Grundlage Ihrer Planung. Sie ist wichtig, denn ein Ziel für sich allein ist kein Garant für den Erfolg. Erst die Verknüpfung von Zielen mit der Planung und Handlung stimuliert Erfolge. Je komplexer Ihre Ziele sind, umso wichtiger ist es, diese sorgfältig zu planen. Zufällige Erfolge sind gut, aber selten. Geplante Erfolge sind häufiger und beeinflussbar. Ohne Ziel können Sie nichts planen, ohne Planung können Sie nichts entscheiden; ohne Entscheidung können Sie nichts realisieren und ohne Realisation nichts kontrollieren. Mit einem Plan beantworten Sie die Frage: „Wie erreiche ich das Ziel?" Ein Plan ist nicht Bestandteil der Zieldefinition, sondern Inhalt Ihrer Maßnahmenplanung.

**Die richtige Strategie
schafft Vorteile**

Viele Menschen, Organisationen und Unternehmen wollen den Erfolg. Sie, liebe Leserin, lieber Leser, befinden sich in Zielkonkurrenz mit ihnen, denn nicht jeder kann Erfolg haben. Um mit anderen Erfolgssuchenden konkurrieren zu können, brauchen Sie ein Konzept, das Ihnen Vorteile verschafft. Sie benötigen eine Strategie, die andere nicht haben.

**Erfolgreiche
Menschen handeln
mit Konzept**

Erfolgreiche Menschen planen zielorientiert und wissen, was sie wollen. Sie denken in Zielen und handeln mit Konzept. Der bekannte US-Unternehmensberater Denis Waitley hat herausgefunden, dass Menschen mit persönlichen Zielen und Strategien erfolgreicher sind als andere. *„Verlierer lassen sich lenken; Gewinner nehmen das Steuer selbst in die Hand."*[8]

Beispiel Edison

Der große Erfinder Edison ist hierfür ein Beispiel. Er legte bei seinen Erfindungen im Voraus fest, was er erreichen wollte, und er erreichte dabei vieles und Großes. Sein Konzept war das der Chancenmaximierung. Andere hatten große Erfolge mit dem Konzept der Risikominimierung, so z.B. der Tennisspieler Björn Borg.

Auch berühmte Militärs begründeten ihre Siege durch gute Planung. Von Napoleon wird gesagt, dass er seine Schlachten im Kopf gewann, bevor er auf dem Feld seine Gegner bezwang. Nie „stolperte" er in einen Sieg.

Beispiel Napoleon

Planen bedeutet, bewusst, geordnet und systematisch über seine Ziele nachzudenken. Hierbei helfen die klassischen W-Fragen *wer, was, wo, wie* und *warum*. Als planender Mensch nehmen Sie in Ihrem Kopf das Resultat Ihrer Tätigkeit gedanklich vorweg. Sie simulieren also gedanklich das, was Sie realisieren wollen. In einem Plan drückt sich die Einheit von Abbild und Absicht sowie die Zusammengehörigkeit des theoretischen und des praktischen Bewusstseins des Menschen aus. Er allein garantiert aber keinen Sieg bzw. Erfolg. Planung muss sich paaren mit der Fähigkeit zur Improvisation und dem Mut, Pläne ad hoc umzustoßen, wenn es die Situation erfordert. Darum basiert das Planen heute u.a. auf Vision, Intuition, Projektion und Integration.

Planen ist Erfolgssimulation

Sollten Sie über eine gewisse Begabung auf irgendeinem Gebiet verfügen, müssen Sie diese konzeptionell bzw. strategisch weiterentwickeln, wenn Sie Erfolg haben wollen. So war z.B. Max Schmeling ein hervorragender Boxer, aber um Joe Lewis zu schlagen, studierte er viele Tage und Wochen dessen Boxweise, um ihn über seinen schwächsten Punkt zu packen. Und selbst dort, wo Begabungen mit Zielen und Strategien gepaart werden, bedarf es des Ehrgeizes und des Antriebes. Es werden mehr Menschen durch Übung und Wiederholung tüchtig als durch

Planung ergänzt Begabung

Naturanlagen. Erst harte Arbeit macht aus Ihrem Talent Genialität.

Die energo-
kybernetische
Zielstrategie

Eine Art Metakonzept für den Arbeits- und Lebenserfolg ist die „Energokybernetische Strategie" (EKS) von Wolfgang Mewes.[9] Von ihren Anhängern wird die EKS als eine universelle Strategielehre für viele Bereiche betrachtet, für die Unternehmensführung ebenso wie für die Karriereplanung.

Ausgangs- und Eckpunkt seiner Lehre ist der so genannte *Minimumfaktur*. Das ist in geringen Mengen derjenige Teil, der noch fehlt, um Wirkung zu erzielen. Ein Blick in die Agrarchemie macht das deutlich.

Justus von Liebig (1803-1873) erforschte, dass zum Wachsen einer Pflanze vier Mineralien notwendig sind: Kali, Kalk, Stickstoff und Phosphorsäure. Fehlt eines dieser Mineralien, dann kann sie nicht wachsen. Erst wenn das fehlende Mineral in minimalsten Mengen zugeführt wird, wächst sie weiter. Das nicht gegen einen anderen Stoff austauschbare Mineral hat unübersehbar viele Einzelvorgänge in Gang gesetzt, die das Wachstum der Pflanze bewirken. Der berühmte Chemiker entdeckte also die zentrale kybernetische Regelfunktion des Minimumfaktors, die Tatsache, dass man das Wachstum von Pflanzen von seinem Minimumfaktor her beliebig beschleunigen, aber auch wieder drosseln kann. Angenommen, von einem Mineral wird zu viel zugesetzt, z.B. Phosphorsäure, dann bewirkt der eigentliche Minimumfaktor eine Übersäuerung des Bodens. Das Mineral wirkt negativ statt positiv.

Der Minimumfaktor
am Beispiel der
Wirtschaft

Das gleiche Prinzip gilt nach Mewes auch für Menschen und Unternehmen. Die notwendigen „Mineralien" für ein Unternehmen sind Material, Kapital,

Know-how, Nachfrage und Arbeitskräfte. Fehlt eines dieser „Mineralien", dann bleibt das Unternehmen wirkungslos. Angenommen, es fehlen die notwendigen Arbeitskräfte, dann sind auch Kapital, Nachfrage, Material und Know-how nutzlos. Angenommen aber, es werden zu viel Arbeitskräfte beschäftigt, dann hat das negative Folgen für das betriebswirtschaftliche Ergebnis. Auf einzelne Personen bezogen hilft dieses Beispiel, sich den Minimumfaktor vorzustellen: Angenommen, Sie verfügen über alle Voraussetzungen, erfolgreich zu sein, Disziplin, Risikobereitschaft, Entschlusskraft, Selbstvertrauen usw., aber die „richtige Idee" fehlt Ihnen, dann handelt es sich bei ihr um den Minimumfaktor, den es zu erkennen gilt. Mewes schlussfolgert sinngemäß: *„Entscheidend für den Erfolg ist nicht die Größe des Aufwands, mit dem jemand ein bestimmtes Ziel erreichen will, sondern allein die Tatsache, dass es ihm gelingt, den zentralen Mangel – den Minimumfaktor – zu beseitigen."*

Den Minimumfaktor bzw. die -faktoren zu erkennen ist eine Voraussetzung für den Erfolg. Wird dann noch der kybernetisch wirkungsvollste Punkt getroffen, dann brauchen Sie nicht mehr den Erfolg zu suchen, denn der Erfolg sucht Sie. Der kybernetisch wirkungsvollste Punkt ist das größte Problem oder der bedeutendste Mangel einer Zielgruppe, also ein Engpass. Darum nannte sich die EKS früher auch „engpasskonzentrierte Strategie". Der Zielgruppe müssen Sie einen Nutzen bieten. Darauf konzentrieren Sie Ihre Kräfte. Damit erfüllen Sie zwei Grundprinzipien der EKS, nämlich

Den wirkungsvollsten Punkt finden

1. *seine Kräfte zu konzentrieren und*
2. *die brennendsten Probleme zu lösen.*

Anderen Nutzen bieten, um sich selbst zu nutzen

Um bei den verwendeten Beispielen zu bleiben: Wenn Sie erkannt haben, dass Ihr Engpassfaktor die fehlende Idee ist, dann sollten Sie sich sofort auf die Suche nach ihr machen. Zugleich müssen Sie aber auch Ausschau nach einer Zielgruppe halten, der diese Idee nützt. Konzentration auf einen kleinen, aber wirkungsvollen Punkt ermöglicht große Wirkung mit geringem Kraftaufwand. Insofern ist Erfolg keine Frage der Intelligenz, Größe oder Anstrengung, sondern der präzisen Orientierung auf den wirkungsvollsten Punkt. Je spürbarer der Nutzen für die Umwelt, desto größer ist die Nachfrage danach, Umsatz und Gewinn entwickeln sich dann fast von selbst in einer kybernetischen Kettenreaktion. Unternehmen, die darauf zielen, den Abnehmern hohen Gebrauchswert zu sichern, sind erfolgreicher als solche, deren oberste Maxime die Gewinnmaximierung ist.

Die EKS will also zeigen, dass derjenige erfolgreich ist, der sich wirkungsvoll auf die Lösung des jeweils dringendsten Problems seiner Mitwelt konzentriert. Wer anderen nützt, nützt sich am meisten. Wer maximal Nutzen stiftet, wird zum Markt- oder Imageführer, dessen Umsatz und Ansehen sich quasi als nachgeordnete Größen fast „von selbst" positiv entwickeln.

Die vier Grundprinzipien der EKS-Lehre

Konzentration statt Verzettelung	Den wirkungsvollsten Punkt suchen	Den Minimumfaktor/ Engpass finden	Nutzenorientierung statt Gewinn- maximierung
Konzentration ist die Verdichtung von Energie. Klären Sie, was Sie am besten können und womit Sie Ihren Partnern den größten Nutzen bieten können. Suchen Sie sich eine „Nische", in der Ihre Stärken am ehesten wirksam werden, Sie sich sozusagen zum „Marktführer" oder Meinungsführer entwickeln. Seien Sie anders als andere. Bauen Sie Ihre Stärken aus.	Klären Sie, was die größten und dringendsten Probleme Ihrer Kunden oder Partner sind. Für dieses spezielle Problem bieten Sie Lösungen an. Gefragt ist nicht die Durchschnittsleistung auf möglichst vielen Gebieten, sondern die Spitzenleistung auf dem Spezialgebiet. Profilieren Sie sich darum als „Fachmann", nicht als ambulanter Bauchladenhändler.	Klären Sie, was getan werden muss, um das Problem Ihrer Zielgruppe zu lösen. Was ist der entscheidende Hinderungs- faktor? Wie begründet sich der Engpass? Klären Sie aber auch, welches Ihr eigener Engpassfaktor ist. Was hindert Sie per- sönlich an Ihrem Wachstum?	Im Vordergrund Ihres Denkens und Handelns sollte der Nutzen ste- hen, den Sie anderen bieten wollen. Wenn Sie anderen nützen, nützen Sie sich selbst auch. Welchen Grund- und welchen Zusatznutzen bieten Sie Ihren Kun- den/Partnern? Wel- chen Differenznutzen bieten Sie im Vergleich zu anderen? Wenn Sie verdienen wollen, müssen Sie vorab dienen.

Ein ganz wichtiger Grundsatz für den Erfolg: Stärken verstärken

Die Philosophie der Stärkenkonzentration wurde schon zu Anfang der Achtzigerjahre von den zwei inzwischen weltbekannten Unternehmensberatern Peters und Waterman, ehemals Statthalter der weltgrößten Unternehmensberatung McKinsey in San Francisco, formuliert. In ihrem Bestseller „Auf der Suche nach Spitzenleistungen" stellten sie fest, dass erfolgreiche Unternehmen ihrem angestammten Geschäft treu bleiben. Sie diversifizieren sehr vorsichtig, vorzugsweise in verwandten Branchen. Während andere gleich ganz in das kalte Wasser springen, tauchen sie zunächst nur die Zehen hinein. Kluge Unternehmen diversifizieren um ihre Kerntätigkeit herum, um so vorhandene Stärken nutzen und ausbauen zu können.[10]

Springen Sie nicht gleich in fremde Gewässer, sondern tauchen Sie zunächst nur die Zehen hinein.

Ein bekanntes Sprichwort lautet: „Schuster, bleib bei deinen Leisten!" Die Empfehlung sollten auch Sie, liebe Leserin, lieber Leser, berücksichtigen. Machen Sie das noch besser, was Sie gut können. Werden Sie dort stärker, wo Sie schon stark sind. Konzentrieren Sie sich auf den wirkungsvollsten Punkt Ihres Könnens. Welcher könnte das sein?

An dieser Stelle sind Sie aufgefordert, einmal darüber nachzudenken, was Sie besonders gut können und wer dieses eventuell gebrauchen könnte. Bitte benutzen Sie dazu das Arbeitsblatt *Strategische Kernfragen.*

Strategische Kernfragen

• Was kann ich besser als andere?

• Mache ich das, was ich besser kann?

• Wer braucht das, was ich besser kann?

• Wie mache ich das bekannt?

71

Planungsinhalte: Mittel, Wege, Zeit

Wenn Sie planen, sind verschiedene Aspekte und Planungsebenen zu beachten. Sie planen die Schritte und Wege zu Ihrem Ziel, und auch die notwendigen Mittel und Zeiträume sind zu planen. Jeder Augenblick, den Sie auf die Planung verwenden, spart ein Vielfaches an Zeit bei der praktischen Durchführung. Denken Sie an das Einkaufen. Eine kluge Hausfrau schreibt sich einen Einkaufszettel. Mit dieser Checkliste erspart sie sich den Marathonlauf im Supermarkt und wird nicht zu unbedachten Einkäufen verführt.

Der Plan als Ihre Gebrauchsanleitung

Einen guten Plan können Sie mit einer Leiter vergleichen. Sie müssen, wenn Sie mit Hilfe einer Leiter auf einen Baum steigen, nicht dauernd nach tragfähigen Ästen suchen, sondern steigen mit geringerem Kraftaufwand Stufe für Stufe nach oben. Angenommen, Sie wollen abnehmen, dann sollten Sie diese Absicht in einen täglichen Speiseplan umwandeln, aus dem hervorgeht, was Sie wann in welcher Menge essen wollen. Von der Prognose unterscheidet sich der Plan durch seinen Entscheidungscharakter: Er sagt die zukünftigen Aktionen nicht voraus, sondern legt sie fest.

Die Zweck-Mittel-Beziehung bei der Planung

Wenn Sie mit mehrphasigen Plänen arbeiten, z. B. bei der Studienplanung, dann zeichnen sich diese dadurch aus, dass bei ihnen Ziele zu Mitteln werden und umgekehrt. So ist eine Zwischenprüfung das notwendige „Mittel" für das weitere Studium.

Ihre Pläne sind weder wahr noch falsch. Sie sind adäquat oder inadäquat. Adäquat sind sie dann, wenn alle Voraussetzungen gegeben sind, das Ziel zu erreichen. Wenn Sie mit bestimmen Mitteln ein Maximum an Resultat erzielen, dann sind Ihre Pläne wirtschaftlich optimal.

Natürlich kann auch der beste Plan nicht alle Ereignisse, die eintreten könnten, im Voraus berücksichtigen. Bertolt Brecht persiflierte das Planen einmal so: *„Ja mach mir einen Plan, sei mir ein großes Licht, und mach noch einen zweiten Plan, gehen tun beide nicht."* Systemtheoretisch orientierte Unternehmensberater warnen vor der Illusion der Überschaubarkeit und davor, auf Planungsfehler mit noch mehr Planung zu reagieren.

Planungsfehler erzeugen neue Planungsfehler

Aber ein guter Plan beinhaltet auch eine Prognose möglicher Ereignisse, zieht sie in Betracht und bedenkt die Instrumente, derer man im Augenblick der Überraschung bedarf. Sie müssen dann in einer solchen Situation nicht jedes Mal neu überlegen, wie Sie sich verhalten sollen, denn Ihre Entscheidungen haben Sie schon vorher festgelegt, zumindest in den Grundzügen. Mit geplanten Grundorientierungen sind Sie denjenigen gegenüber im Vorteil, die konzeptlos entscheiden.

Planung ermöglicht schnelles Reagieren

4. Zielbezogen entscheiden

Die Entscheidung ist das vermittelnde Glied zwischen Ihrem Plan und Ihrem Handeln. Sie findet ihren Ausdruck in einem Entschluss, einer Weisung oder einer Vorgabe. Eine Entscheidung ist immer eine Wahl zwischen mehreren Möglichkeiten. Gäbe es diese nicht, müssten Sie auch nichts entscheiden. Als es in Deutschland nur ein Fernsehprogramm gab, brauchten die Zuschauer keine Entscheidung zu treffen. Heute haben Sie als Zuschauer zwischen vielen Programmen die Qual der Wahl. Entscheiden heißt, sich gedanklich von anderen Möglichkeiten zu trennen. Die Entscheidung *für* Ihre Frau oder Ihren Mann, *für* Ihren Beruf oder Ihren Arbeitgeber

Wahl zwischen mehreren Möglichkeiten

73

war eine „Entscheidung" *gegen* Tausende andere Frauen, Männer, Berufe und Arbeitgeber.

Information reduziert das Risiko einer Fehlentscheidung

Um das Risiko einer Fehlentscheidung zu minimieren, sollten Sie sich mit vielen Informationen „in Form" bringen. Information ist die Reduktion von Ungewissheit.

Entscheiden bedeutet, Risiken einzugehen

Doch trotzdem geht jeder ein gewisses Risiko ein, der neue Pfade beschreitet. Der Schriftsteller Carl Amery sagte einmal: *„Risiko ist die Bugwelle des Erfolges."* Das Wichtigste am Mut ist, dass man ihn hat. Wo stände die Welt heute ohne die Risikobereitschaft, die Christoph Kolumbus auszeichnete? Ohne die Risiken, die Sozialrevolutionäre eingingen, ohne die Selbstversuche namhafter Mediziner, ohne die Investitionsbereitschaft von Unternehmern usw. wäre der Fortschritt der Gesellschaft im Schneckentempo verlaufen. Ein aufgeblasener Heißluftballon ist leicht zu beschädigen, aber die heiße Luft ist die einzige Möglichkeit, ihn zum Fliegen zu bringen.[11]

Risiken minimieren durch gründliche Analyse

Erfolgsmenschen fürchten sich nicht davor, unbekannte Wege zu beschreiten. Sie sind deswegen erfolgreich, weil sie es sich zur Gewohnheit machten, Dinge zu tun, die bequeme Menschen eher vermeiden. Sie gehen Risiken ein, aber keine waghalsigen Abenteuer. Der Erfolgreiche bemüht sich um Risikominimierung, aber er rechnet damit, auch einmal zu verlieren. Um dieses möglichst auszuschließen, analysieren Erfolgsmenschen sehr gründlich die Ausgangssituation. Sie wägen Risiken und Chancen sorgfältig ab und bauen, soweit möglich, Sicherheitsnetze ein. Das heißt aber nicht, risikoscheu zu sein. Risikoscheu zu sein bedeutet, gar nichts zu tun.

Wer Erfolg haben will, muss lernfähig sein. Erfolgsmenschen lernen als Erstes, dass Erfolg den Misserfolg einschließt. Steffi Graf konnte nicht immer gewinnen. Gute Sportler verstehen es, auf eine Niederlage positiv zu reagieren. Gute Verkäufer resignieren nicht gleich, wenn ein Kunde nein sagt. Sie können vom Pferd fallen, aber entscheidend ist, wie schnell Sie wieder im Sattel sitzen. Optimisten würden den Sturz auf etwas zurückführen, das sich ändern lässt, so dass ihnen dieser Fehler nicht noch einmal passiert. Pessimisten nehmen die Schuld am Sturz auf sich und schreiben sie einer ihrer Charaktereigenschaften zu, an der sie rein gar nichts ändern können. Wer drei Schritte vorwärts geht und dabei einen Schritt zurück machen muss, schafft mit zwei Anläufen vier Schritte.

Erfolg schließt Misserfolg ein

Die Haltung, mit der Sie, liebe Leserin, lieber Leser, auf eine Niederlage reagieren, entscheidet darüber, ob Sie „im Rennen" bleiben oder ausscheiden. Ein Mensch, der keine Fehler macht, hat nie etwas ausprobiert. Sie haben das Recht, Fehler zu machen, aber auch die Pflicht, daraus zu lernen. Insofern sind Fehler oft nur eine kleine Umleitung auf dem Weg zum Erfolg. Wenn Sie aus Ihren Fehlern lernen, bereiten Sie damit die Zukunft vor. Ihre Fehler von heute sind die Erkenntnisse von morgen. Insofern gibt es eigentlich gar keine Fehler, sondern nur Erfahrungen. Der deutsche Philosoph Odo Marquard drückt das so aus: *„Wir irren uns voran."*

Das Recht, Fehler zu machen, und die Pflicht, daraus zu lernen

In Unternehmen werden bei wichtigen und teuren Investitionsentscheidungen spezielle Entscheidungstechniken eingesetzt, so z. B. *Matrixvergleiche,* bei denen alle Alternativen mit Punkten bewertet und berechnet werden. Für die Alternative mit den meisten Punkten entscheidet man sich in der Regel. Eine weitere praktische Entscheidungshilfe ist das *Plus-*

Entscheidungstechniken

75

Minus-Konto. Hier werden alle Punkte, die für eine Entscheidung sprechen, auf der Plusseite und alle gegenteiligen auf der Minusseite „verbucht". Anschließend werden die Plus- und Minuspunkte addiert. Bei einer Mehrheit an Pluspunkten kommt es zu einer positiven Entscheidung. Bei einer Mehrheit an Minuspunkten zu einer negativen. So wird unter Angabe der wichtigsten Gründe eine Entscheidung nachvollzieh- und dokumentierbar.

+ Was spricht für meine Entscheidung?	Was spricht gegen meine Entscheidung? **—**

5. Zielbezogen handeln

Kleine Taten verändern die Welt mehr als große Pläne

Erfolgreiche Menschen beschäftigen sich nicht mit dem, was getan worden ist, sondern mit dem, was getan werden muss. Sie warten nicht darauf, dass ihnen das Förderband des Lebens fertig gepackte Gepäckstücke anliefert. Nur allzu gut wissen sie, dass einen Gipfel zu erklimmen bedeutet, einen Schritt nach dem anderen zu tun. Das können kleine Schritte sein, denn kleine Taten verändern die Welt mehr als große Pläne. Sie können Ihre Zukunft am besten voraussagen, wenn Sie sie selbst erschaffen.

Auch Ihr Erfolg, liebe Leser, ist nicht ein einzelnes Ereignis, sondern eine Reihe von Schritten, wobei der nächste Schritt möglichst größer sein sollte als der vorausgegangene. Wenn Sie Erfolg haben wollen, müssen Sie Gelegenheiten erkennen, Chancen ergreifen und Herausforderungen annehmen. Lernen Sie, in Zielen zu denken. Ersetzen Sie Problemfixierungen durch Zielorientierung. Viele Menschen ziehen es vor, täglich wiederkehrende Probleme zu lösen, statt diese mit neuen Zielsetzungen endgültig zu beseitigen. Statt sich täglich immer wieder neu auf Probleme zu fixieren, sollten Sie sich auf Ziele orientieren und diese formulieren. Ansonsten gleichen Sie einem Autofahrer, der immer nur in den Rückspiegel blickt. Sie müssen sich zunächst einmal gedanklich von einem Problem lösen, um ein Problem zu lösen.

Zielorientierung statt Problemfixierung

Denken Sie an das, was die Chinesen schon vor 2000 Jahren sagten: *„Mensch, warte nicht auf die günstige Gelegenheit, schaffe sie selbst."* Dahinter steckt die Erkenntnis, dass es schwieriger ist, eine Idee zu realisieren, als sie zu finden. Kreative, also ideenreiche Menschen gibt es viele, innovative, das Umfeld verändernde aber nur wenige. Sie erhalten vom Leben nur das zurück, was Sie in jedem Augenblick hineingeben.

Kreativität ist gut – Innovation ist besser

Das Realisieren vollzieht sich u. a. durch gekonntes Organisieren. Trotz der Erkenntnisse der System- bzw. Chaostheorie wollen Menschen und Firmen alles bis in das Detail hinein organisieren. Das birgt Gefahren in sich, denn ein Unternehmen wird unübersichtlich. Erfolgreiche Unternehmen verabschiedeten sich schon vor einigen Jahren von der Matrixorganisation zugunsten eines einfachen und überschaubaren Aufbaus. Sie brauchen die Bürokratie

Vorsicht vor der Überorganisation

für das Tagesgeschäft und die „Adhoc-kratie", um plötzliche Aufgaben und Probleme zu bewältigen oder Chancen sofort zu nutzen. In diesem Zusammenhang wird sogar spontane Ordnung und Selbstorganisation zugelassen.

Mut zur Unvollkommenheit

Wenn Sie sich entschlossen haben, etwas zu tun, dann machen Sie es sofort. Mut zur Unvollkommenheit bringt Sie weiter als ein Perfektionismus, der Sie vom Handeln abhält. Die schon genannten Autoren des Bestsellers „Auf der Suche nach Spitzenleistungen", Peters und Waterman[12], stellten fest, dass erfolgreiche Unternehmen ihre Neuheiten oft auch ohne den letzten Schliff anbieten, während andere noch dieses oder jenes verbessern wollen. Damit verlieren sie den Marktanschluss. Die erfolgreichen Unternehmen entwickeln dann zusammen mit ihren Kunden das Produkt weiter und geben ihm so den letzten Schliff.

Was ist das Wichtigste an diesem Buch? Meine Antwort: Das, was Sie anschließend umsetzen.

Beherzigen Sie dieses Sprichwort:

Nicht das Beginnen wird belohnt, sondern allein das Durchhalten.

Die Notwendigkeit der Disziplin

Darum muss sich zum aktiven Handeln die Disziplin gesellen. Nur wer sät, wird ernten. Erfolgsmenschen haben in der Regel ein starkes Durchhaltevermögen, da sie ihren Zielen einen hohen Prioritätsgrad geben. Ihre Disziplin und ihr Fleiß werden von der Kraft und Bereitschaft begleitet, täglich ein gewisses Arbeitspensum zu schaffen. Der Schriftsteller Stendhal war eigentlich ein lethargischer Zeitgenosse, aber er disziplinierte sich zu zwei Stunden täglicher Schreibarbeit. Charles Darwin, der bedeutendste Naturforscher des neunzehnten Jahrhunderts, arbeitete vierzig Jahre lang konsequent vier Stunden am Tag und widerlegte mit seiner Evolutionstheorie die biblische Schöpfungsgeschichte. Franz Schubert komponierte in nur 18 Jahren (er starb mit 31) bei täglich sechsstündiger Arbeit 10 Ouvertüren, 23 Klaviersonaten, 18 Streichquartette, 15 Opern und Singspiele, 9 Symphonien, 7 Messen und ca. 600 Lieder; dazu Chorwerke, Menuette, Rondos u. a. m. Erfolg stellt sich also nur dort ein, wo vorher etwas erfolgte.

Arbeit geht dem Erfolg voraus. Denken Sie an den Regelkreis der Zielerreichung. Indem Sie täglich an Ihrem Ziel arbeiten, verbinden Sie Theorie und Praxis. Ihr Ziel und Ihre Planung sind ein theoretischer Akt, das tägliche Tun ist dagegen die Praxis.

6. Zielbezogen kontrollieren

Da Sie nicht sicher sein können, ob alles nach Plan verläuft, sind Kontrollen notwendig. Sie dienen der Kurssicherung durch gekonntes Steuern. Zu diesem Zweck wird die Übereinstimmung von Soll und Ist geprüft. Gab es Abweichungen, dann sind diese zu analysieren. Man nennt dieses die *Abweichungsanalyse*. Da Kontrolle bei selbst gesetzten Zielen immer Eigenkontrolle ist, erfordert sie Ehrlichkeit gegen sich selbst. Wichtig ist, *rechtzeitig* zu kontrollieren und nicht erst am 31. Dezember.

Kurssicherung durch Kontrolle

Sie kontrollieren sich vielfältig, z. B. morgens auf der Waage oder durch den Blick in den Spiegel. Abends fragen Sie sich, wie der Tag war und was er gebracht hat. Sie kontrollieren auch andere, z. B. die Kassiererin im Supermarkt, ob das Wechselgeld

Kontrolle im Alltag

stimmt, die Schularbeiten Ihrer Kinder und vieles andere mehr. Der ganze Tag ist voll von Kontrollen, die Ihnen für Ihr weiteres Handeln Sicherheit geben.

Kontrolle als anpassendes Steuern

Je länger Ihr Plan in die Zukunft hineinreicht, umso wichtiger ist die Kontrolle als eine Art anpassendes Steuern. Die Umfeldbedingungen ändern sich ständig. Viele Abweichungen vollziehen sich als Abweichung von der Abweichung einer Abweichung. Das Fließende ist das Normale. Auch die Ruhe ist nur ein Zustand der Bewegung. Außerdem können sich unvorhergesehene Sachverhalte einstellen, die Ihren Plan gefährden. Die Kontrolle ermöglicht Ihnen eine gleitende Planung, indem Sie Störungen im Umfeld schnell erkennen und darauf reagieren.

Kontrolle erfordert Kommunikation und Intuition

Das setzt jedoch eine Rückkopplung bzw. Vernetzung mit Ihrem Umfeld voraus, die ihrerseits Information und Kommunikation erfordert. Je besser die Kommunikation mit Ihrem Umfeld ist, umso früher können Sie eventuelle Abweichungen erkennen bzw. intuitiv erspüren.

Das Ende als neuer Anfang

Der Zielerreichungskreis wird, nachdem das Ziel erreicht wurde, geschlossen oder mit neuen bzw. höheren Zielen wieder eröffnet. Jedes Ende ist ein neuer Anfang. Darum könnten wir auch vom *Zielerreichungs-Regelkreis* sprechen. Denkbar ist aber auch, dass er wieder geöffnet wird, weil ein Ziel nicht erreicht wurde. Die Abweichungsanalyse wird dann zur Grundlage der neuen Zielerreichungs-Analyse. Diese Rückkopplung im Regelkreis führt dazu, dass der Endzustand nicht ein für alle Mal fixiert ist, sondern zum Ausgangspunkt einer neuen Entwicklung wird. Unter dem Einfluss der Rückkopplung verändern sich auch die Anfangs- bzw. Ausgangsbedingungen fortwährend selbst.

Während die im mittleren Kreis angesiedelten Zentralfunktionen, das Denken und Informieren, die anderen Funktionen zunächst horizontal verknüpfen, bilden sie außerdem das Verbindungsglied zwischen zwei Ebenen. Ihr Bild vom Zielerreichungskreis wird präziser, wenn Sie es sich dreidimensional vorstellen, ähnlich wie eine Wendeltreppe. Nach jeder Umkreisung sind Sie eine Ebene höher gekommen.

Der Zielerreichungskreis als Wendeltreppe

Vielleicht werden Sie einwenden, dass Handlungen vielschichtiger und komplexer sind, als im Zielerreichungskreis dargestellt. Sie haben Recht! Ihr Umfeld ist voll von solchen Regelkreisen, und ihre klaren Bestimmungen und Zuordnungen sind schwierig. Je mehr Sie versuchen, in diesen Wald von Regelkreisen einzudringen, umso größer ist die Gefahr, dass Sie vor lauter Regelkreisen keine Ziele mehr sehen. Das Kreismodell ist eine pädagogisch notwendige Vereinfachung. Die Funktionen spielen sich nicht einfach in dieser Reihenfolge eine nach der anderen ab, sondern sind vielfältig miteinander verwoben, so wie die Spiralfedern einer zusammengepressten Matratze. In jeder Funktion steckt wiederum ein eigener Regelkreis, denn die Wahl für ein Ziel setzt Planung, Entscheidung und Kontrolle voraus. Auch ein Plan ist letztendlich ein System von Festlegungen, die auf Entscheidungen beruhen. Bei der Kontrolle ist zu überlegen, welches Ziel mit ihr verfolgt werden soll. Jede Funktion hat systemtheoretisch gesehen Selbstähnlichkeit mit dem Gesamtkreis, so wie ein Ast der Form eines Baumes entspricht. Fürs Erste genügt es jedoch, sich das Grundmodell als Steuerrad vorzustellen und es im Moment jeder wichtigen Handlung gedanklich zu aktivieren.

Die Welt ist voll von Regelkreisen

2.5 Auch der Weg kann Ihr Ziel sein

**Probieren geht
über studieren**

Viele Menschen wollen zunächst Klarheit darüber, was sie mit einer Sache oder einer Methode anfangen können oder was sie ihnen nützen könnte, bevor sie den ersten Schritt tun. Sie machen sich Gedanken darüber, warum das Vorhaben nicht funktionieren könnte, und finden keine Zeit, die Sache überhaupt einmal auszuprobieren. Probieren geht über studieren, das sollte Ihr Arbeitsmotto werden.

*Niemand weiß, was er kann,
wenn er es nicht versucht.*

Besorgen Sie sich ein Blatt Papier, nehmen Sie einen Bleistift in die Hand und fangen Sie an, irgendetwas zu zeichnen. Was könnte aus dem Begonnenen werden? Diese Frage beantwortet sich im Laufe des Entstehungsprozesses Ihres Bildes. Vielleicht ergeht es Ihnen so wie mir. Ich musste eine Hochzeitsrede halten, ohne jede Vorstellung, was ich sagen könnte bzw. sollte. Ich setzte mich hin, machte Notizen, schrieb erste Formulierungen und gab meinem Unterbewusstsein die Gelegenheit, mich zu inspirieren. Das wiederholte ich einige Tage später und nochmals in der Folgewoche. Es entstanden Bruchstücke und Rohlinge, die einer späteren Feinbearbeitung und dem stilistischen Endschliff unterzogen wurden. Als das Manuskript fertig vor mir lag, war ich selbst erstaunt, was aus dem „Projekt" geworden war. Manchmal ist es gut und vernünftig, sich auf einen Weg zu begeben, mit etwas anzufangen, um aus den Erfahrungen heraus eine genauere Richtung oder ein definitives Ziel zu finden. Man beginnt etwas und entdeckt dabei Begabungen, sammelt Erfahrungen, die zur Grundlage weiterer und genauerer Zielentscheidungen werden können.

Fangen Sie einfach an

Manchmal weiß man, dass es so nicht weitergehen kann. Wie es genau weitergehen müsste, weiß man aber auch noch nicht. Man begibt sich auf den Weg der Veränderung, ohne die Wegverzweigungen zu kennen oder zu ahnen. Man sucht, um etwas zu finden, ohne zu wissen, was genau es sein wird. Das ist der kreative Weg der Zielfindung. Wenn Sie mehr hierüber erfahren wollen, empfehle ich Ihnen mein Buch „Lust aufs Neue", das ebenfalls im GABAL-Verlag erschienen ist.[13]

Suchen, um zu finden

Es gibt sogar Situationen, in denen man vom Weg abkommen muss, um zum Ziel zu kommen. So sollte man auch mal „methodische Zufälle" provozieren, um Neuentwicklungen einzuleiten. Glück stellt sich oft dort ein, wo der Wille zum Erfolg und der Zufall zusammentreffen.

Sich regen bringt Segen

„Sich regen bringt Segen", lautet ein Sprichwort. Es enthält viel Weisheit. In manchen Situationen ist es klüger, erst zu handeln und dann zu planen. Unternehmen, die nach 1989 in den neuen Bundesländern aktiv wurden, haben zunächst einfach mal nur Flagge gezeigt oder Duftmarken gesetzt und erst später Ziele anvisiert. Bei der Schnelllebigkeit von Produkten ist das Dabeisein oft wichtiger als das Festhalten an Zielen. Statt zu zielen und zu treffen, ist es oft besser, zu surfen. Das ist auch der Grund, warum Unternehmen ein Verhalten zum Unternehmensziel erklären und nicht einen Zustand. In den Leitbildern solcher Unternehmen werden Flexibilität und Schnelligkeit zu den wichtigsten Grundsätzen erhoben, weniger der Anspruch auf eine Marktführerschaft.

Handlungen aus der Handlung heraus

Der Weg kann auch deshalb zum Ziel werden, weil aus zielbezogenen Planungen, Entscheidungen und Handlungen Folgen und neue Prozesse entstehen, die nicht mit der Zielformulierung bezweckt waren. Sachverhalte und soziale Systeme entwickeln und verändern sich nicht nur durch rationale Planung und Entscheidung, sondern durch die ihnen innewohnenden Widersprüche, durch Evolution und Eigendynamik. Da das Ganze immer mehr ist als die Summe seiner Teile, entsteht i. d. R. ein nichtlinearer Aufbau- und Verlaufsmechanismus, der die Eigenschaft hat, über Grenzen hinwegzuwachsen oder diese gar zu sprengen. Das erfordert Handlungen aus der Handlung heraus. In solchen Situationen handeln wir nicht, weil - wir erkennen, sondern wir erkennen, weil wir handeln.

Doch komplexe Unberechenbarkeit und scheinbare „Unordnung" darf nicht dazu führen, sich vom Prinzip der Ordnung und Planung zu verabschieden, um so weiterzuwursteln wie bisher. Viele Führungskräfte missbrauchen die Theorie nichtlinearer Systeme bzw. die Chaostheorie als Alibi für ihr plan- und oft auch sinnloses Handeln.

Chaos als Alibi für Planlosigkeit

In den USA stellten Tom Peters und Robert Waterman fest, dass erfolgreiche Unternehmen oftmals erst schießen und dann genau zielen. Sie nannten das das „Primat des Handelns". Während andere Unternehmen mit großem Aufwand tonnenweise neue Konzepte und Patente produzieren, bringen erfolgreiche Firmen beständig neue Produkte auf den Markt. „Test" ist das wichtigste Wort im Vokabular von Spitzenunternehmen. „Do it, try it, fix it", ist ihr Arbeitsmotto.[14]

Test it!

Erfolgsfaktoren nach Peters und Waterman:

1. Primat des Handelns
2. Nähe zum Kunden
3. Freiraum für Unternehmertum
4. Produktivität durch Menschen
5. Sichtbar gelebtes Wertesystem
6. Bindung an das angestammte Geschäft
7. Einfache Organisation
8. Straff-lockere Führung

Der Lebenszyklus von Zielen hat sich enorm verkürzt. Das zeigt sich u. a. in der Vielzahl von Berufen, die der Mensch des 20./21. Jahrhunderts im Laufe seines Lebens ausführt. Lehre und Studium sind nur noch Zwischenetappen auf dem Weg zu neuen und ganz anderen Berufserfahrungen in späteren Lebensjahren.

Es gibt keine Ankunft, nur den Wandel

Bewegliche Ziele erfordern die Bereitschaft zur Selbstkorrektur. Wegbeschreibungen und Marschziele sind ständig zu hinterfragen. Wer auf dem Weg öfter stehen bleibt und zurückschaut, der bemerkt Fehler schneller als andere und kann rechtzeitig Kurskorrekturen vornehmen. *„ 'Der Weg ist das Ziel', meint ja auch: Es gibt keine Ankunft, es gibt nur den Wandel. Und Wandel ist Weg, wenn wir uns nicht treiben lassen. "*[15]

Ergebnisorientierung plus Erlebnisorientierung

Der Weg ist auch deshalb von Bedeutung, weil Menschen die Ergebnisorientierung mehr und mehr mit der Augenblicks- bzw. Erlebnisorientierung verknüpfen wollen. Daraus folgt, um mit dem berühmten Psychologen Abraham Maslow zu sprechen, dass wir uns diszipliniert verhalten müssen, aber auch spontan sein dürfen. Eine gesunde Person *„muss imstande sein, sich gehen zu lassen. Sie muss imstande sein, Kontrollen, Hemmungen, Abwehrhaltungen fallen zu lassen, wenn sie es für wünschenswert hält. Doch muss sie auch die Fähigkeit haben, sich unter Kontrolle zu halten, die Freuden aufzuschieben, höflich zu sein, den Mund zu halten, die eigenen Impulse zu beherrschen ... Sie muss imstande sein, Spaß zu haben oder Spaß aufzugeben, an die Zukunft wie an die Gegenwart zu denken. Die gesunde oder selbstverwirklichende Person ist im Wesen wendig, sie hat weniger menschliche Fähigkeiten verloren als der durchschnittliche Mensch. Sie hat ein größeres Arsenal von Antworten und Zügen in Richtung einer Vollmenschlichkeit als des Limits; das heißt, sie hat alle menschlichen Fähigkeiten."* [16]

Literatur:

1   Howard Gardner in einem Gepräch, abgedruckt
    in: Rethinking the Value of Intelligence Tests,
    New York Times vom 3.11.1986, hier zitiert
    nach: Daniel Goleman: Emotionale Intelligenz,
    München 1997, S. 58
2   Thomas J. Neff/James M. Citrin: *Lessons from
    the top*, New York 1999, zitiert nach: Manager
    Magazin 10/2000, Seite 179
3   Edward de Bono: *Taktiken und Strategien
    erfolgreicher Menschen,* Landsberg 1988
4   Wolf Schneider: *Die Sieger*, Hamburg 1993
5   Holger Rust: *Die Geheimnisse des Erfolges,* in:
    Manager Magazin 10/2000, S. 184
6   DER SPIEGEL, 31/1994, S. 31
7   Henri Fayol: *Allgemeine und industrielle
    Verwaltung,* München und Berlin 1929
8   Vgl. Kurt Nagel: *Mit System zum Erfolg,* in:
    Der Arbeitsmethodiker, Nr. 3/91, S. 31
9   Vgl. Horst Deckert, Stefan Reeder: *EKS-
    Arbeitshandbuch* 1985
10 Vgl. Thomas J. Peters/Robert H. Waterman
    jun.: *Auf der Suche nach Spitzenleistungen,*
    Landsberg 1993
11 Vgl. de Bono, a.a.O., S. 71
12 Vgl. Thomas J. Peters/Robert H. Waterman
    jun., a.a.O.
13 Walter Simon: *Lust aufs Neue,* Offenbach 1999
14 Thomas J. Peters/Robert H. Watermann jun.,
    a.a.O.
15 Gertrud Höhler: *Spielregeln für Sieger,*
    Düsseldorf 1996, S. 69
16 Abraham H. Maslow: *Motivation und
    Persönlichkeit,* Olten 1977, S. 200

3. So verbinden Sie Ihre Zielrealisierung mit Ihrer Zeit- und Entspannungsplanung

Haben Sie Zeit?

Haben Sie Zeit? „Natürlich nicht", antworten Sie. Klagen über zu wenig Zeit hört man genauso oft wie Klagen über das Wetter. Was das Wetter angeht, mögen sie berechtigt sein. Doch für Zeitprobleme ist nicht Petrus, sondern jedermann selbst verantwortlich. Mangelt es Ihnen wirklich an Zeit oder an der richtigen Zeitplanung? Kreuzen Sie eine der beiden Antworten an.

✎ ❑ Ich habe absolut keine Zeit.
❑ Mir fehlt die richtige Zeitplanung.

Sind Sie mit Ihrer Lebenssituation zufrieden?

Wenn Sie die erste Antwort angekreuzt haben, dann sollten Sie sich fragen: „Bin ich zufrieden mit meiner Arbeit und meinem Leben?" Denken Sie daran, falsche Ernährungsgewohnheiten machen krank. Das gilt auch für schlechte Zeitgewohnheiten. Daraus folgen oft Stress, Ärger und Frustration. Ehen und andere Partnerschaften scheitern, weil man keine Zeit mehr füreinander hat. Unter Zeitmangel leidet die Erziehung unserer Kinder, und in Eile passieren Tausende von Verkehrsunfällen. Unsere Zeit leidet an einer chronischen Zeitkrankheit.

3.1 Der Unterschied zwischen Zeitspartechniken und Zeitmanagement

Schnell, schneller, am schnellsten

Zunächst sollten Sie den Unterschied zwischen Zeitspartechniken und Zeitmanagement kennen lernen. *Zeitspartechniken* sind Regeln, Maßnahmen und Verhaltensweisen, die Ihnen helfen, Zeit bei konkreten

Tätigkeiten zu sparen. Die Menschen versuchen seit Jahrtausenden, die Zeit für produktive Tätigkeiten zu verkürzen. Denn was immer auch Zeit beansprucht, beansprucht zu viel Zeit. Alles, was dauert, dauert zu lange. Die Menschen fragen nicht „Wie früh ist es?", sondern „Wie spät ist es?". Das Leben hat es eilig. Wir benutzen Schnellzüge, essen im Schnellimbiss, benutzen Schnellhefter, Tempo-Taschentücher etc.

Nicht die Dampfmaschine, sondern die Uhr wurde zum wichtigsten Instrument für das moderne Industriezeitalter. Wirtschaftliches Wachstum erzeugte eine steigende Knappheit an Zeit. Diese erzeugte wiederum wirtschaftliches Wachstum usw. Man sieht es den Menschen an: In Millionenstädten gehen die Menschen etwa doppelt so schnell wie in einem griechischen Dorf. Der moderne Mensch wurde auf eine chronometrische Feinstruktur des Tages gedrillt. Er kommt immer zu spät, auch wenn er zu früh kommt. Je höher die berufliche Position, umso stärker sitzt das Zeitkorsett. Besonders Machtmenschen unterwerfen sich der Uhr. Sie können auch dann nicht mit ruhigem Gewissen „nichts tun", wenn sie ihr Pflichtpensum bereits erfüllt haben. Viele andere Menschen spenden wertvolle Lebenszeit einer Zeitvernichtungsmaschine, die sich Fernsehen nennt.

Die Uhr als Antreiber

Auch Sie, liebe Leser, benutzen solche Zeitsparmittel und wenden persönliche Zeitspartechniken an. Sie können z. B. beim Lesen Zeit sparen, indem Sie Schnelllesetechniken trainieren. Sie können lernen, Texte kürzer, knapper und präziser zu schreiben oder den Zeitaufwand für das Lernen zu verringern. Falls Sie Führungskraft sind, wissen Sie, wie viel Zeit Sie gewinnen, wenn Sie Aufgaben und Verantwortung an Mitarbeiter delegieren. Sie sparen Zeit durch den Einsatz von Checklisten, durch eine gute Gesprächs-

Zeitsparmittel und -techniken

89

führung oder indem Sie Ihre Texte am Computer schreiben.

Unentschlossenheit ist einer der größten Zeitkiller. Sie gewinnen Zeit durch Entscheidungsfreude. Aber Vorsicht, aus Geschwindigkeit darf keine Hektik werden. Sonst droht Ihnen eine Welt des „rasenden Stillstands". Auch das Faulenzen muss kein sinnloses Nichtstun sein, sondern dient der Reproduktion der Arbeitskraft des High-Speed-Zeitgenossen. Unsere postmoderne Zeitkultur fordert zugleich Geschwindigkeit und Langsamkeit. Das ist auch das erklärte Ziel von neu gegründeten Vereinen, die für ein allgemeines Tempolimit im menschlichen Alltag wirken. *„Inmitten der allgemeinen Raserei verzichten etliche Leute auf Zeitgewinn, um der Zeit mehr Gewinn zu entlocken."*[1] Diese Avantgardisten der „Eigenzeit", so der Titel eines Buches der Soziologin Helga Nowotny, wollen nicht zeitlebens wandelnde Chronometer sein.[2]

Während Zeitspartechniken für konkrete Tätigkeiten gelten, bezieht sich *Zeitmanagement* auf die Gestaltung des Tages, der Woche oder eines längeren Zeitraums unabhängig von den einzelnen Tätigkeiten. Es ist ein Bündel allgemeiner Regeln und Maßnahmen. Diese helfen Ihnen bei jeder Art von Tätigkeit, die Zeit in den Griff zu bekommen.

Zeitmanagement ist Zielmanagement

Allein schon durch eine gute Zeitplanung werden Sie produktiver. Sie haben einen roten Faden, der Sie durch den Tag führt. Genau genommen ist persönliche Zeitplanung Verhaltensmanagement, denn Zeit ist nicht zu managen. Zeitmanagement ist letztendlich *Zielmanagement*. Zeit- und Zielmanagement sind zwei Seiten ein- und derselben Medaille. Denn der Sinn des Lebens und der Arbeit ist mit der Zeitnutzung eng verbunden. Das erklärt auch, warum es

Leute gibt, die trotz großer Arbeitsbelastung entspannt arbeiten, während sich andere erschöpft fühlen. Wenn Sie, liebe Leser, überzeugt sind, dass das, was Sie tun, sinnvoll ist, dann haben Sie auch kein Problem mit der Zeit.

Ihr Leben, liebe Leserin, lieber Leser, ist eine vom „Schicksal" festgelegte Zeitstrecke zwischen Geburt und Tod. Als Frau beträgt Ihr statistisches Durchschnittsalter 78 und als Mann 73 Jahre. Ein Blick auf die unten stehende Grafik mag Ihnen das verdeutlichen. Streichen Sie die schon gelebten Jahre weg. Der nicht gestrichene Teil, das ist der Lebensrest, der Ihnen statistisch noch bleibt. Machen Sie das Beste daraus, indem Sie Ihre Zeit für Ihre Ziele nutzen. Wenn Sie Ihr Leben lieben, dann lieben Sie die Zeit, denn daraus ist Ihr Leben gemacht.

Lieben Sie die Zeit, denn daraus ist Ihr Leben gemacht!

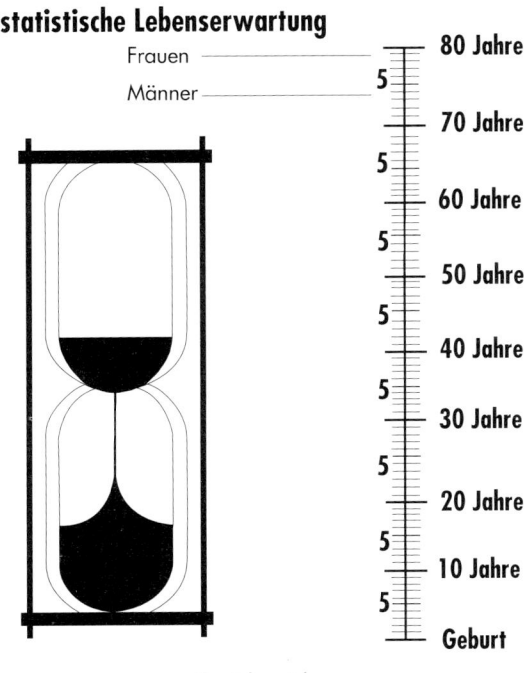

statistische Lebenserwartung

Frauen ——————— 80 Jahre
Männer ————— 5
70 Jahre
5
60 Jahre
5
50 Jahre
5
40 Jahre
5
30 Jahre
5
20 Jahre
5
10 Jahre
5
Geburt

Ihre Lebensziele

Bedenken Sie:

Heute ist der erste Tag vom Rest Ihres Lebens.

Darum sollten Sie auch den Tod als Ihren Verbündeten betrachten. Er lehrt sie, im Heute zu leben.

3.2 Die Gestaltung Ihres strategischen Zeitmanagements

Wenn Sie den Rest Ihres Lebens zeitbewusst und zielorientiert leben wollen und nicht zu den Leuten gehören, die sich mit Klagen über zu wenig Zeit aufhalten und in den Mythos der Überforderung flüchten, kann Ihnen die Lektüre dieses Kapitels helfen, ein besseres Zeitmanagement zu entwickeln.

Beherrschen Sie die Zeit, statt von ihr beherrscht zu werden

Wenn Sie bereit sind, Ihre Arbeits- und Lebensprinzipien selbstkritisch zu überprüfen, werden Sie lernen, die Zeit zu beherrschen, statt von ihr beherrscht zu werden. Vergegenwärtigen Sie sich an dieser Stelle nochmals das, was Sie im ersten Kapitel über Lebensziele gelesen haben. Wie wollen Sie zukünftig die Zeitanteile zwischen Beruf, Freizeit, Familie ausbalancieren? Ein gutes Zeitmanagement ist „Life Leadership". *Die Zeit zu beherrschen heißt, sich selbst zu beherrschen.* Nur wenn Sie Ihre Ziele kennen, behalten Sie in der Hektik des Tagesgeschäfts den Überblick, können auch unter starker Arbeitsbelastung Prioritäten setzen und sich auf das Wesentliche konzentrieren. Konzentration ist das Geheimnis der Effizienz.

Zeit investieren, um Zeit zu sparen

Der Sinn Ihres Lebens sowie das Erreichen Ihrer Ziele und die richtige Nutzung Ihrer Zeit sind eng miteinander verknüpft. Wenn Sie Ziele erreichen und

Erfolge feiern wollen, dann müssen Sie dafür Zeit investieren. Das Mindeste ist, dass Sie sich täglich einige Minuten Zeit nehmen, Ihren Tag zielbezogen zu planen.

Sie sollten wöchentlich Ihr „Aktionsprogramm" entwerfen. Jede Minute Zeit- und Tagesplanung spart viele Momente bei der Durchführung. Studieren auch Sie Ihre Arbeitsweise und ziehen Sie Ihre Schlussfolgerungen aus den Erkenntnissen. Schaffen Sie Ordnung in Ihrem Denken und Handeln, am Schreibtisch und im Tagesablauf! „Work smarter, not harder", muss Ihr Arbeitsmotto lauten. Konzentrieren Sie sich auf Ihre Kräfte, auf das, was Sie am besten können, was Ihnen Freude bereitet und das, womit Sie im Hinblick auf Ihre Lebenssituation die größte Wirkung erzielen. Das ist strategisches Denken und Handeln. Strategie ist nicht nur Langfristplanung, sondern die Lehre vom richtigen Einsatz der eigenen Kräfte und Mittel. Indem Sie lernen, Ihre Zeit zu organisieren, erhalten Sie Zeit für Ihre Ziele.

Work smarter, not harder

Zeitplanung heißt aber nicht Zeitverplanung. Machen Sie sich nicht zum Opfer Ihrer eigenen Planwirtschaft. Lassen Sie sich nicht von rigiden Zeit- und Temponormen vergewaltigen. Menschen, die es geschafft haben, sich von den Zeitfesseln zu befreien, sind im Allgemeinen leistungsfähiger und motivierter als andere. Diese Kunst können auch Sie erlernen, wenn Sie die Regeln guter Zeitplanung befolgen. Nur mit einem operativen Tages-Zeitmanagement bekommen Sie Ihr Leben nicht in den Griff. Mein Kollege, der bekannte Zeitmanagementexperte Prof. Lothar Seiwert, bringt dies auf den Punkt:

Die Zeit planen, aber nicht verplanen

„Das wahre Kernproblem des Zeitmanagements liegt darin, dass wir in der Dringlichkeit des Arbeitsall-

tags vornehmlich in operative Hektik zu verfallen drohen und so unsere Lebensprioritäten leicht aus dem Auge verlieren ... operatives Zeitmanagement kuriert an den Symptomen herum, löst aber keineswegs die wahren Ursachen des Zeitproblems.[3]

Die Regeln guter Zeitplanung:

1. Schriftlich planen
2. Prioritäten ermitteln und Arbeitsziel(e) festlegen
3. Zeitbedarf für längere Arbeiten schätzen und einplanen
4. Tages- / Leistungsrhythmus berücksichtigen
5. Ungestörte Arbeitsblöcke schaffen, um täglich auf das Ziel hinarbeiten zu können
6. Mit dem Wichtigsten morgens sofort beginnen
7. Eine persönliche Tages- und Wochenschau halten

3.3 Die Gestaltung Ihres operativen Zeitmanagements

Operatives am strategischen Zeitmanagement ausrichten

Ihr operatives, kurzfristiges Zeitmanagement muss zu Ihrem strategisch langfristigen passen. Darum sollten sich Ihre Jahres- oder Monatsziele an Ihren Lebenszielen orientieren, ebenso wie sich Ihre Wochenziele an Ihren Jahres- und Monatszielen anlehnen. Ohne diese Orientierung verlieren Sie in der Hektik des Tagesgeschehens den Überblick und werden von Ereignissen und Zufällen getrieben.

Die Tagesplanung allein reicht wahrscheinlich nicht, um Ihren Lebenszielen bzw. Visionen zu entsprechen. Die zeitliche Kluft zwischen beiden ist zu groß. Darum muss sie mit der Monats- und Wochenplanung verknüpft werden. Die Woche eignet sich am ehesten, um den sich selbst gesetzten Ansprüchen hinsichtlich Beruf, Freizeit, Hobby und Familie gerecht zu werden. Sie ist ein Mikromodell des Lebens-Makromodells und eignet sich als Brücke zwischen Kurzfrist- und Langfristzielen.

Sie verknüpfen Ihre Lebenszielplanung mit Ihrer Jahres-, Monats- und Wochenplanung, indem Sie den hier nochmals abgebildeten Lebenleitstern aus dem ersten Kapitel mehrfach kopieren. Die Kopie bekommt die Überschrift „Jahresziele". Die entsprechenden Teilziele notieren Sie bitte an den jeweiligen Zacken.

Lebensziele mit Teilzielen verknüpfen

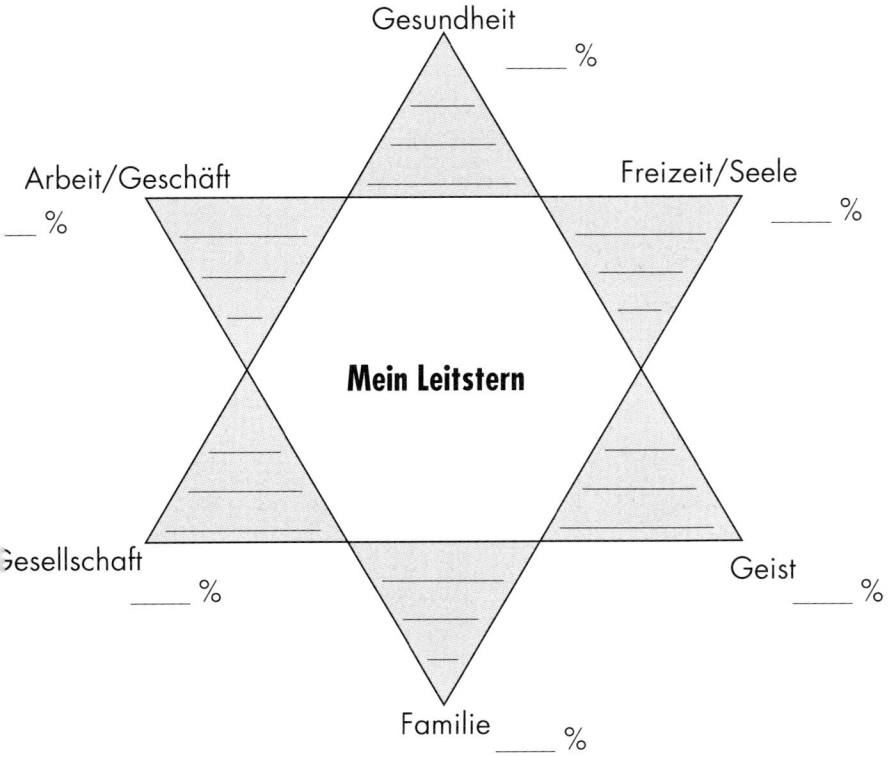

Gesundheit
_____ %

Arbeit/Geschäft
__ %

Freizeit/Seele
_____ %

Mein Leitstern

Gesellschaft
_____ %

Geist
_____ %

Familie _____ %

95

Über die nächste Kopie schreiben Sie „Monatsziele" und verfahren analog. Das gilt entsprechend auch für das Blatt „Wochenziele". Dass die Ziele dieser drei Zielebenen inhaltlich zueinander passen müssen bzw. sich ergänzen, versteht sich von selbst. Nun müssen Sie nur noch Ihre Tagesplanung machen.

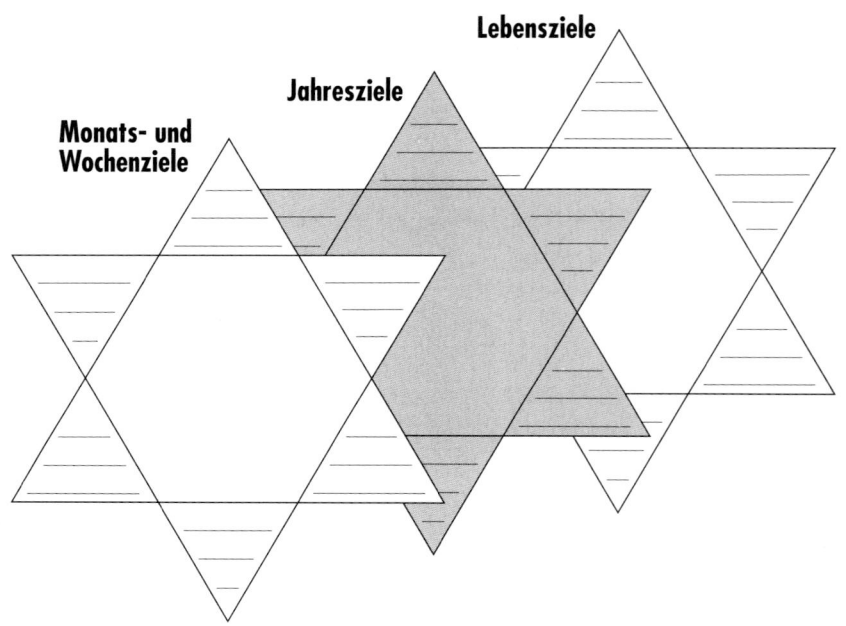

Den Rest, also die Tages- und die Terminplanung, können Sie mit einem Zeitplanbuch oder einem Taschencomputer machen.

Die nachfolgenden Regeln beziehen sich sowohl auf die Tages- wie auf die Wochenplanung, also eher auf das operative Zeitmanagement. Die konkrete Ausgestaltung Ihres Zeitmanagements überlasse ich Ihnen.

1. Regel: Schriftlich planen

„Aus den Augen, aus dem Sinn", sagt ein altes chinesisches Sprichwort. Das gilt auch für Ihre Tagesplanung, wenn Sie sich allein auf Ihr Gedächtnis verlassen. Indem Sie zukünftig notieren, was Sie in einer Woche oder an einem Tag erreichen wollen, werden Sie immer wieder daran erinnert. Mit dieser Checkliste kontrollieren Sie zugleich, ob Sie nichts vergessen haben. Für Ihre schriftliche Tagesplanung eignen sich Kalender, Planungsblätter, Flipcharts, Pinnwände, selbstklebende Notizblätter oder Magnettafeln. Durch die ständige *„visuelle Konfrontation Ihrer Aufgaben"*[4] „verriegeln" Sie sozusagen Ihr Fluchttürchen. Notieren Sie diejenigen Arbeiten, die als Mosaiksteinchen oder Teilschritt für Ihr Ziel notwendig sind. Genießen Sie das schöne Gefühl, erledigte Aufgaben mit einem dicken Stift durchstreichen oder abhaken zu können.

Vom Nutzen der Checkliste

Was wollen Sie gleich morgen für Ihr Ziel tun?

Das wichtigste Instrument schriftlicher Zeitplanung ist der Kalender. Damit ist nicht der Taschenplaner im Leporello-Format gemeint, der eigentlich nur eine Terminmerkhilfe ist. Er ist für effektives Time-

Das Zeitplanbuch

Management zu klein. Darum sollten Sie mit einem *Zeitplanbuch* oder einem elektronischen Zeitplaner arbeiten, mindestens im Format DIN A6. Diese dienen als Terminkalender, Notizbuch, Adressenregister, Planungsinstrument, Erinnerungshilfe, Ideenkartei, kurz, als schriftliches Gedächtnis bzw. persönliche Datenbank. Zeitplanbücher enthalten wichtige Hilfsmittel für Ihre Zielplanung, z. B. Tages-, Wochen-, Monats- und Jahresblätter, Notizzettel für Ideen, Termin-Vormerkblätter, Planungs- und Projektverfolgungs- sowie Blankoblätter für die individuelle Gestaltung. Einige Hersteller bieten diverse Spezialblätter an, so dass Sie Ihr Zeitplanbuch für Ihre speziellen Zwecke „maßschneidern" und gestalten können. Aber schaffen Sie sich kein kiloschweres Zeit-Kochbuch an. Ein Organizer ist kein Statussymbol nach dem Motto: je größer desto besser, sondern sollte ein zweckmäßiges Instrument Ihrer persönlichen Lebensplanung sein. Vielleicht eignet sich für Sie viel besser ein so genannter Palm Top, der problemlos in jede Jackentasche passt.

Vorsicht vor der Chronokratie

Zudem sollte ein Terminplan Sie nicht in ein noch engeres Zeitkorsett zwingen oder Ihnen, weil mit Terminen und Aufgaben zu voll gepfropft, Schuldgefühle verschaffen. Wenn Sie einmal ohne Ihren Chronometer am Arm ins Büro kommen, sollten Sie sich nicht gleich nackt fühlen. Werden Sie nicht ein weiteres Opfer der Chronokratie oder der grauen Herren von der Zeitsparkasse, wie Michael Ende die Zwangsvollstrecker der „Timetatur" in seinem Buch „Momo" nennt.

Ohne Uhr sind Sie nicht gleich nackt.

2. Regel: Prioritäten ermitteln und Arbeitsziele festlegen

Vorab möchte ich Ihnen meinen früheren Kollegen Müller vorstellen. Sein Arbeitstag sah in der Regel so aus:

Ein lehrreiches Negativbeispiel

„Heute muss ich endlich mal den Bericht für die Geschäftsführung schreiben", denkt Müller, als er morgens ins Büro kommt. Morgen Mittag muss er druckreif vorliegen. Er weiß, dass er etwa fünf Stunden dafür benötigen wird. Vorab braucht er einen starken Kaffee. Doch die Kaffeemaschine ist defekt. Er repariert sie sofort.

Um 8:30 Uhr kommt sein Mitarbeiter Weber wegen einer Kundenreklamation in sein Büro. Sie besprechen den Fall. Bei dieser Gelegenheit trägt Weber auch einige persönliche Anliegen vor. Müller verspricht Herrn Weber, den Fall zu bearbeiten und einen Brief dazu sofort zu diktieren. Es ist 9:15 Uhr.

Die Batterien des Diktiergerätes sind leer. Müller schickt einen Auszubildenden los, um neue zu besorgen. Währenddessen klingelt das Telefon. Eine Kollegin bittet um Unterlagen aus Müllers Ablage. Beim Suchen kommt ihm die Idee, die Ablage anders zu ordnen. Das erledigt er gleich mit und bringt der Kollegin um 10:15 Uhr die gewünschten Unterlagen.

Da Müller wenig Übung mit dem Diktieren hat, liest er in einem Fachbuch die Diktatregeln nach. Er notiert sie sich auf einer Karteikarte. Danach geht er endlich in die verdiente Frühstückspause. Um 11:00 Uhr macht er sich wieder an die Arbeit.

In der Mittagspause trifft er in der Kantine Schulze, der eine längst fällige Statistik anmahnt. Wieder im Büro, trägt Müller die Daten zusammen und bringt sie gegen 14:00 Uhr Schulze. Der hat noch einige Rückfragen, so dass Müller um 14:20 Uhr wieder an seinem Schreibtisch sitzt.

Gegen 15:00 Uhr wird Müller zu seinem Chef gerufen. Dieser bittet ihn, an seiner Stelle am übernächsten Tag eine Dienstreise anzutreten. Müller solle sich aber gut vorbereiten.

Er sucht die dazu notwendigen Unterlagen zusammen, um sie zu Hause durchzuarbeiten, und diktiert sofort einen Brief, in dem er sein Kommen ankündigt. Als er die Diktatkassette seiner Sekretärin bringen will, ist diese schon weg. Müller muss selbst tippen.

Müller hat den ganzen Tag hart gearbeitet. Der Bericht für die Geschäftsführung wurde aber nicht fertig. Was hätten Sie anders gemacht? Strukturieren Sie den Arbeitstag von Müller neu. Entwerfen Sie dazu ein Arbeitsblatt mit einer Zeitleiste von 8:00 bis 19:00 Uhr.

Sie haben erkannt, Müller setzt keine Prioritäten und hat darum kein handlungsbestimmendes Tagesziel. Auch bei der Zeitplanung sind Ziele die entscheidende Grundlage. Ordnen Sie Ihre Zeit um Ihre Ziele herum, denn es gibt stets mehr Aufgaben als Stunden, um sie zu erledigen. Ziele liefern das nötige Auswahlraster für Ihre vielen Aufgaben. Sie helfen Ihnen auch im Verlauf des Tages, Wichtiges von Unwichtigem zu unterscheiden.
Um Ihre Aufgaben zu gewichten und Prioritäten zu ermitteln, sollten Sie sich fragen:

Zeitplanung ist Zielplanung

* *Was sind Muss-Arbeiten für mein Ziel?*
* *Was sind Kann-Arbeiten?*

Muss-Arbeiten ergeben sich aus Ihrer Stellenbeschreibung oder Ihrer Zielformulierung. Kann-Arbeiten sind meistens die Folge davon, dass sich Menschen nicht trauen, „nein" zu sagen.

Auch mal nein zu sagen ist eine Voraussetzung für Ihren Erfolg.

Zeit sparen durch nein sagen

Sie sagen deshalb nicht nein, weil sie Angst haben, etwas zu versäumen. Sie sagen ja, weil sie niemanden vor den Kopf stoßen wollen. Prüfen Sie, welche Ihrer Tätigkeiten Kann-Arbeiten sind. Konzentrieren Sie sich auf Muss-Arbeiten. Die Bereitschaft, unwichtige Arbeiten abzulehnen, ist eine Voraussetzung für Ihren Arbeitsziel- und Lebenserfolg. Konzentrieren Sie sich auf den kybernetisch wirkungsvollsten Punkt, also auf die Aufgabe, mit der Sie sich und anderen den größten Nutzen verschaffen (vgl. Seite 66 f.).

Da die wenigsten Menschen zwischen Muss- und Kann-Arbeiten trennen, liegt auf ihren Schreibtischen in der Regel stets mehr Arbeit, als in den zur Verfügung stehenden Arbeitsstunden zu bewältigen ist. Wer es dennoch versucht, schafft sich selbst Stress. Darum sollten Sie täglich Prioritäten ermitteln, indem Sie die vielen Aufgaben hinsichtlich ihrer Wichtigkeit abwägen. Der schlechte Gebrauch Ihrer Zeit wäre es, etwas sehr gut zu machen, was überhaupt nicht gemacht werden müsste. Um das zu vermeiden und um Prioritäten zu ermitteln, sollten Sie die *(Ab)wägefragen* benutzen, die sich mit dieser Eselsbrücke leicht einprägen lassen:

(Ab)

w (Weiterarbeit) Welche Arbeit ist notwendig, damit andere weiterarbeiten können?

ä (Ärger) Welche Arbeit ist notwendig, um Ärger mit Kunden und Kollegen zu vermeiden?

g (Geld) Welche Arbeit bringt den größten Geldnutzen oder vermeidet Geldverlust?

e (Erfolg) Welche Arbeit garantiert meinen/unseren langfristigen Erfolg?

(fragen)

(Ab)wägefragen zur Prioritätenermittlung

Die Antworten helfen Ihnen, Wichtiges zu erkennen, um Prioritäten ermitteln und entsprechend planen zu können.

Der US-Erfolgstrainer Brian Tracy spricht von „Posterioritäten". Das sind Dinge, von denen Sie in Zukunft weniger tun sollten, weil sie für Ihr Ziel ohne großen Wert sind. Darum sollten auch Sie die kreative Vernachlässigung solcher Aufgaben praktizieren. Achten Sie darauf, dass Sie Ihre Ziele präzise formulieren. Es darf nicht heißen: „Diktat wichtiger

Vorsicht vor schwammigen Formulierungen

Post", sondern präziser: „Brief an ... diktieren". Nur durch eine präzise Zielformulierung können Sie kontrollieren, ob Sie Ihr Ziel auch erreicht haben. Wenn Sie dagegen mit schwammigen Formulierungen arbeiten, dann lässt Sie Ihr Unterbewusstsein zur nächstbesten Tätigkeit greifen.

Formulieren Sie realistische Wochen- und Tagesziele, ohne sich zu über- oder zu unterfordern. Der Starke, der zu viel plant, erreicht weniger als der Schwache, der seine Kraft auf ein oder zwei Ziele konzentriert. Halten Sie über den Tag und die Woche hinweg immer wieder inne und fragen Sie sich, ob Sie noch „auf Kurs" sind.

Den Tagesablauf innerlich visualisieren

Die meisten Menschen planen nur terminbezogen. Planen und handeln Sie zielbezogen! Ihre Ziele müssen in Ihrem Kopf Leben gewinnen. Sie brauchen positive Bilder vom Tagesgeschehen, vom angestrebten Endzustand und von Ihrem Erfolgserlebnis. Programmieren Sie Ihre Psyche durch visuelle Vorstellungen. Belohnen Sie sich, wenn Sie Ihr Wochen- oder Tagesziel erreicht haben. Auch das wirkt positiv auf Ihr Unterbewusstsein. Mehr über die Rolle des Unterbewusstseins für Ihre Zielerreichung erfahren Sie im nächsten Kapitel.

3. Regel: Zeitbedarf der wichtigsten Arbeiten schätzen und planen

So entsteht Stress

Die meisten Menschen unterlassen es, den Zeitbedarf für ihre Tätigkeiten zu schätzen und zu planen. Man kennt nur den End- oder Abgabetermin, plant aber nicht den Zeitbedarf in Tagen oder Stunden. Damit ist Stress vorprogrammiert, besonders dann, wenn der Abgabetermin immer näher rückt.

In der Industrie wird der Zeitbedarf für jeden Arbeitsvorgang genau ermittelt. Nur so ist eine exakte Produktionsplanung möglich. Was sich in der Fabrik bewährt hat, eignet sich auch für Ihren Schreibtisch.

Wenn Sie zukünftig den Zeitbedarf für Ihr wöchentliches oder tägliches Zielpensum, einen wichtigen Brief oder eine wichtige Tätigkeit schätzen und planen, werden Sie schnell ein Gespür dafür bekommen, wie lange bestimmte Tätigkeiten dauern, und können realistisch planen. Wenn Sie Mitarbeiter führen und diesen Aufgaben übertragen, sollten Sie immer Zeitziele vereinbaren. Sprechen Sie also mit Ihren Mitarbeitern über den Zeitbedarf in Stunden, Tagen oder Wochen. Lassen Sie Ihre Mitarbeiter die notwendige Zeit schätzen. So vermitteln Sie auch Ihrem Umfeld ein Gefühl für Zeit und die Notwendigkeit von Zeitplanung. Seit Parkinson, dem bekannten englischen Arbeitswissenschaftler, weiß man, dass Arbeit ohne Zeitziele gedehnt und nochmals gedehnt wird und somit viel Zeit verschwendet wird.

Setzen Sie sich realistische Zeitziele

4. Regel: Tagesleistungsrhythmus berücksichtigen

Wie steht es um Ihre momentane Leistungsfähigkeit? Mit wie viel Prozent Ihrer maximalen Leistungsfähigkeit arbeiten Sie gerade? Bitte tragen Sie dieses auf der Skala auf der nächsten Seite ein, auf der die Leistungsnormalkurve dargestellt ist. Wie verläuft Ihre Kurve?

Wenn Sie wissen, wann Sie Ihre Leistungshöhen und -tiefen haben, dann berücksichtigen Sie diese bei Ihrer Tagesplanung. Geistig anspruchsvolle Aufgaben erledigen Sie im Leistungshoch, Routinearbeiten im Tief.

Wann welche Arbeit erledigen?

Leistungsfähigkeit

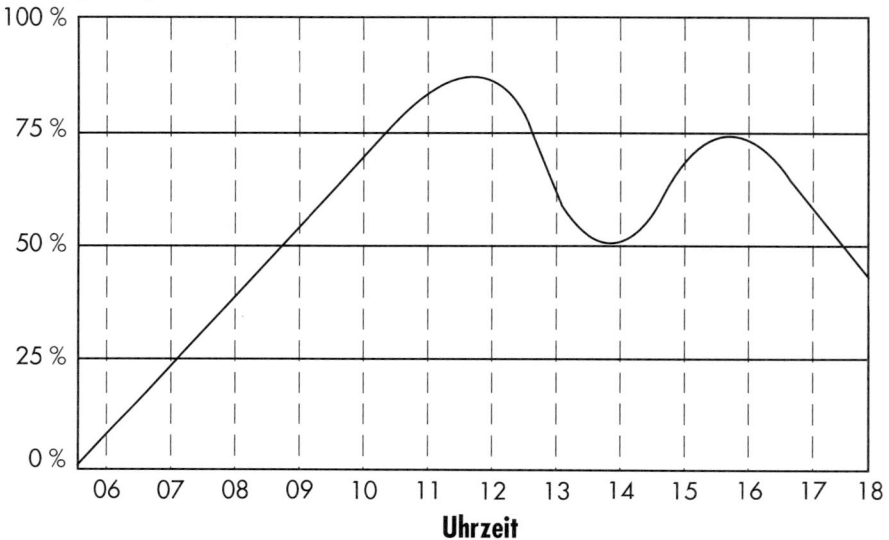

Uhrzeit

Der statistisch normale Leistungsrhythmus

Für 80 Prozent aller Menschen gilt die dargestellte Leistungskurve. Sie sind so genannte Tagmenschen, die restlichen 20 Prozent sind Nachtmenschen.

Respektieren Sie die natürlichen Leistungsschwankungen

Sie sind gut beraten, sich den natürlichen Leistungsschwankungen hinzugeben. Machen Sie nicht den Fehler, durch das Leistungstief mit Volldampf hindurchzuarbeiten. Sie verbrauchen Energie, die Ihnen im Hoch fehlt, und machen Fehler, die Sie später mit großem Zeitaufwand beseitigen müssen.

5. Regel: Pufferzeiten einplanen

Je enger die Planung, umso härter der Zufall

Zeitmanagement bedeutet nicht, einfach Tätigkeiten und Termine aneinander zu reihen. Je mehr und je enger Sie Ihre Arbeiten und Termine planen, umso härter trifft Sie der Zufall. Viele Dinge lassen sich nicht genau auf den Punkt planen, denn es kommt doch häufig etwas dazwischen. Wenn Sie z.B. für ein Gespräch, das um 10:00 Uhr beginnt, 30 Minuten geplant haben, dann sollten Sie die nächste wichtige Arbeit nicht auf 10:30 Uhr terminieren. Denn angenommen, Ihr Gespräch dauert aus irgendwelchen Gründen länger, dann verschieben sich alle Folgetermine. Das gilt ebenso für eine zu enge Wochenplanung. Sie sind nicht jeden Tag gleich gut drauf. Ein plötzlicher Krankheitstag macht die ganze Wochenplanung zunichte.

Man spricht in diesem Zusammenhang auch vom *Dominoeffekt*. Sie wissen, wenn Dominosteinchen eng beieinander stehen, dann wirft eines das andere um. Ähnlich verhält es sich mit einer zu engen Zeitplanung. Um die Kettenreaktion zu verhindern, müssen die Dominosteine (Termine) weit genug voneinander aufgestellt werden.

Die Gefahr des Dominoeffekts

Da Sie immer mit unvorhergesehenen Ereignissen, Zufällen oder unerwarteten Besuchen rechnen müssen, sollten Sie nur einen bestimmten Prozentsatz Ihrer Zeit fest verplanen. Ob Sie 40, 50 oder gar 60 Prozent Ihrer Zeit verplanen, hängt von Ihrer konkreten Tätigkeit, Ihrem Umfeld und Ihren Erfahrungen ab. Viele arbeiten nach der 50:50-Regel, d. h., sie planen 50 Prozent ihrer Arbeitszeit und lassen 50 Prozent für Unvorhergesehenes offen. Um auch der Spontaneität Raum zu lassen, können Sie aber auch so planen:

50:50-Regel

4 Stunden fest geplant/4 Tage fest geplant
2 Stunden Pufferzeit/2 Tage Pufferzeit
2 Stunden für spontane Aktivitäten/2 Tage Freizeit

Spontan genutzte und geplante Zeit sollten in ein sorgfältig ausgewogenes Verhältnis gebracht werden. Wir sollten nicht, so der Schriftsteller Hermann Hesse, aus einem *„planvollen Leben in eine Welt des Zufalls fliehen, noch umgekehrt"*, sondern *„wechselnd zwischen beiden unterwegs sein, in beiden zu Hause sein, an beiden teilhaben".*

Je weniger Zeit, umso mehr Disziplin und Planung ist notwendig

Angenommen, Sie kommen zu der Erkenntnis, nur 20 Prozent Ihrer Zeit planen zu können und 80 Prozent ungeplant lassen zu müssen, so sollten Sie unbedingt versuchen, diese 20 Prozent (entspricht 96 Minuten bei einem achtstündigen Arbeitstag) in den Griff zu bekommen. Denn je weniger Zeit Ihnen bleibt, umso kostbarer wird diese. Wenn Sie ein Geldvermögen von 1 Million EUR haben und davon 1.000,00 EUR verlieren, dann schmerzt Sie dieses weniger als der Verlust von 100,00, EUR, wenn Ihre Ersparnisse nur 1.000,00 EUR betragen. Ähnlich verhält es sich mit der Zeit.

Wie die Relation von fest geplanter Zeit und Pufferzeit aussieht, hängt davon ab, ob Sie Ihr Ziel neben Ihrer beruflichen Tätigkeit verfolgen oder fulltime. Wenn Sie Student sind, müssen Sie die Zeitanteile zwischen Nebenerwerb und Studium sorgfältig planen. Sollten Sie als Manager Ziele verfolgen, müssen Sie entscheiden, wie viel Zeit Sie für das Tagesgeschäft und wie viel für Zukunftsgeschäfte aufwenden wollen. Ich meine, für Letztere sollten Sie mindestens 15 bis 20 Prozent einplanen.

Pufferzeit ist still eingeplante Reservezeit

Pufferzeiten sind still eingeplante Reservezeiten. Sollten Sie Ihre wichtigen Vorhaben plangerecht, ohne Zeit raubende Unterbrechungen und Störungen, geschafft haben, können Sie in der Zeit bis zum nächsten, größeren Vorhaben weniger wichtige

Arbeiten erledigen. Diese Zeit wird meistens vergeudet, weil viele Menschen meinen, es lohne sich nicht, etwas Neues anzufangen. Sie sind der Meinung, mehr zusammenhängende Zeit zu benötigen, um sich in ein Problem hineinzudenken. Folge: Kleckerzeiten bleiben ungenutzt.

> *„Lege lieber mehr Zeit in die Arbeit*
> *als zu viel Arbeit in die Zeit",*

so lautet eine Empfehlung des Schweizer Dramatikers Dürrenmatt. Auch Sie, liebe Leser, sollten Ihren Stunden mehr Leben geben, statt dem Leben zu viele Stunden. Lassen Sie der Zeit manchmal mehr Zeit.

Den Stunden mehr Leben geben

6. Regel: Ungestörte Arbeitsblöcke schaffen, um täglich auf das Ziel hinarbeiten zu können

Warum verbrauchen Sie im Stadtverkehr mehr Treibstoff als auf einer Landstraße? Wegen der vielen Ampeln und Kreuzungen, wegen des häufigen Stop-and-Go. Ähnlich geht es vielen Menschen bei ihrer Arbeit, die sie oft auch im Stop-and-go-Rhythmus verrichten. Wenn sie sich gerade „warm" gearbeitet haben, werden sie unterbrochen. Der nächste „Zeitdieb" lauert bereits, um sie erneut zu unterbrechen usw. Manche Menschen lassen sich gern unterbrechen, weil es einen ehrt, gefragt zu werden, und man Abwechslung bekommt. Andere unterbrechen sich selbst durch fehlende Konzentration oder zielloses Arbeiten.

Leistungsverlust durch Stop-and-go-Arbeit

So stehlen wir uns ahnungslos viel Zeit, aus Gewohnheit und weil wir nicht nachdenken. Daraus resultiert ein Leistungsverlust, der sich graphisch wie folgt darstellen lässt:

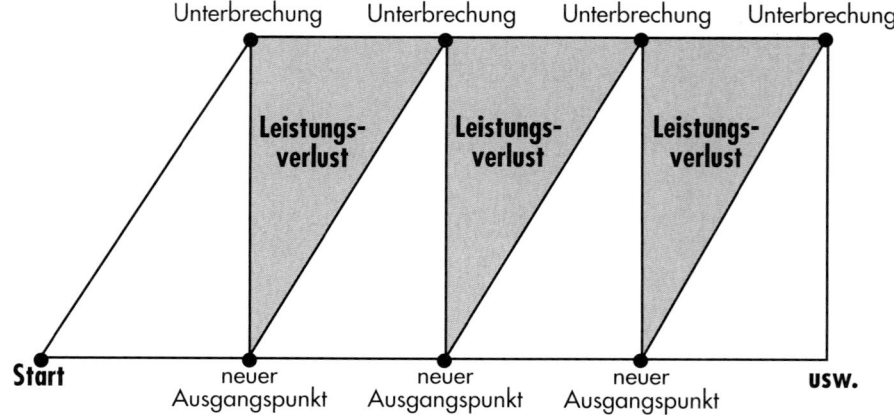

Leistungsverlust durch Arbeitsunterbrechungen

Wo verlieren Sie Zeit? Wer oder was sind Ihre größten Zeitkiller? Was können Sie dagegen tun? Notieren Sie dies in einer Gegenüberstellung auf einem Arbeitsblatt. Überlegen Sie auch, zu welchen Zeiten Sie am häufigsten unterbrochen werden. Die Tagesstörungskurve ist oft identisch mit der Tagesleistungskurve.

Wenn Sie häufig unterbrochen werden, dann ergreifen Sie Gegenmaßnahmen:

1. *Die Abwehr von Unterbrechungen und Störungen.*
2. *Eine kluge Zeitplanung, um unterbrechungsfreie Arbeitsblöcke zu ermöglichen.*

Bedenken Sie aber, soweit Sie Ihre Aufgaben zusammen mit anderen Menschen erledigen und Ihre Ziele gemeinsam mit diesen verfolgen, dass Teamwork vom Austausch lebt. Büroeremiten passen nicht in die Industriegesellschaft. Erfolgreiche Manager öffnen weit und häufig ihre Tür. Sie führen, indem sie durch den Betrieb gehen (Management by Walking around), um Tuchfühlung mit der Basis zu halten und Austausch zu bewirken.

Teamwork lebt vom Austausch

Die angeblich externen Zeitdiebe erweisen sich bei genauerem Hinsehen oft als persönlich interne. Die Schuld liegt nicht immer bei anderen, sondern oft bei uns selbst. Viele sind Opfer der schon angesprochenen Schwäche, nicht nein sagen zu können.

Prüfen Sie genau, ob jemand Ihre Hilfe braucht oder Arbeit abschieben will. Wenn Sie immer die Probleme anderer Menschen lösen, entmündigen Sie diese im Laufe der Zeit. Ihre Mitarbeiter und Kollegen werden sich laufend an Sie wenden. Als „Helfer der Menschheit" ziehen Sie die Arbeit magnetisch an sich. Bedenken Sie: Indem Sie ja sagen, geben Sie ein Versprechen bzw. gehen Sie eine Verpflichtung ein, der Sie nachkommen müssen. Wenn Sie aber nein sagen, so ist das für den Moment zwar unangenehm, aber Sie ersparen sich eine Last, die Sie sonst lange mit sich herumtragen würden. Lernen Sie, ablehnen zu können, ohne den Bittsteller zu verletzten. Sagen Sie ehrlich: „Das wird mir zu viel" oder „Wenn ich das heute auch noch mache, dann muss Projekt XY aber liegen bleiben bis ..."

Ja oder Nein?

Die Planung störungsfreier Stunden setzt voraus, Ihre Familie, Mitarbeiter und Kollegen und teilweise Ihre Kunden in Ihr Zeitmanagement einzubeziehen. Sie wissen, jede Kette ist so stark wie ihr schwächs-

Zeitplanung mit anderen abstimmen

tes Glied. Das bedeutet, Ihre Zeitplanung können Sie nur dann realisieren, wenn die Menschen Ihres Umfeldes sie respektieren und bei der eigenen Arbeit berücksichtigen. Angenommen, Sie wollen überschüssige Pfunde loswerden und Ihr Partner deckt gerade in dieser Zeit den Tisch mit kalorienreichen Speisen, dann müssten Sie sehr willensstark sein, um Ihren Plan einzuhalten. Ähnlich verhält es sich mit dem Zeitmanagement. Ein „Zeitverschwender" in Ihrer Familie oder Arbeitsgruppe zieht Sie in der Regel auf sein Zeitnutzungsniveau herab. Darum sollte Zeitmanagement zu einem Ziel für die ganze Familie, Arbeitsgruppe, Abteilung oder Organisation werden.

Auch mit der Zeit anderer Menschen respektvoll umgehen

Sie verlangen mit Recht von anderen Menschen, dass diese respektvoll mit Ihrer Zeit umgehen. Gehen auch Sie respektvoll mit der Zeit anderer Menschen um? In Betrieben hört man immer wieder Klagen über Zeit killende Kollegen und Vorgesetzte. Jeder sieht sich als Opfer. Täter wird man vergeblich suchen, obwohl auch sie in großer Zahl wirken. In Wahrheit sind wir Täter und Opfer zugleich.

Verabreden Sie sich zu einer stillen Stunde mit sich selbst

Die wichtigsten Stunden sind die, in denen Sie ungestört nachdenken, lesen oder schöpferisch tätig sein können. Sie sind meistens Zufallsprodukt einer termin- oder routinefreien Stunde. Zukünftig sollten Sie sich mit sich selbst mindestens zweimal pro Woche zu einer „stillen Stunde" verabreden. Dies wird Ihnen gelingen, indem Sie Unterbrechungen zukünftig klug abwehren und Ihr Umfeld in die Zeit- und Arbeitsplanung einbeziehen.

7. Regel: Mit dem Wichtigsten morgens sofort beginnen

Viele Menschen beginnen den Tag ungeplant, so wie in dem dargestellten Beispiel meines früheren Kollegen Müller. Diese Menschen werden „gearbeitet", d. h., sie reagieren ständig auf andere, ohne selber zu agieren. Sie schwimmen mit dem Strom, ohne ihn zu überqueren.

Andere Zeitgenossen treiben zu Arbeitsbeginn oft ein langes „Schattenboxen", indem sie wahllos Vorgänge kurz bearbeiten, sie dann wieder beiseite legen, bis endlich nach 20 bis 30 Minuten die „richtige" Arbeit gefunden wurde. Die Auswahl erfolgt unterbewusst nach diesem Prinzip:[5]

Schattenboxen statt arbeiten

1. *Was gefällt vor dem, was nicht gefällt.*
2. *Was schnell geht vor dem, was lange dauert.*
3. *Was bekannt ist vor dem, was neu ist.*
4. *Dringendes vor Wichtigem.*

Mit kleinen, rasch zu erledigenden Arbeiten versuchen diese Menschen jeden Morgen aufs Neue, in den Arbeitsrhythmus zu kommen. Besonders in Zeiten, in denen sie stark beansprucht werden, greifen viele Mitarbeiter zu unwichtigen oder gar zielwidrigen Arbeiten. Sie verschaffen sich damit das Gefühl, etwas geleistet zu haben, und können sich selber Ergebnisse vorweisen.

Doch der eigentliche Erfolg bleibt aus. Wenn Sie eine Arbeit schieben und schieben und erst am Nachmittag die Anfangswiderstände überwunden haben, entsteht überdies Druck und Stress zum Feierabend hin.

Stress durch Schieberitis

Achten Sie darauf, dass Sie Ihr Tagwerk nicht mit banalen Nebensächlichkeiten verbringen. Viele Menschen wollen schnell noch dieses oder jenes vorher erledigen, um sich dann der Hauptsache zu widmen. Das ist gefährlich, denn man verfängt sich leicht in den engen Maschen des Kleinkrams.

Die Psychologie der Schieberitis

Das Aufschieben wichtiger Aufgaben hat oft auch psychische Ursachen. Das labile Selbstbewusstsein soll durch den Aufschub geschützt werden. Aufschieber haben einen hohen Anspruch an sich selbst und bezweifeln, ihm gerecht werden zu können. Darum werden Arbeiten so lange aufgeschoben, bis der Abgabetermin so nahe herangerückt ist, dass die Aufgaben in letzter Minute unter Druck erledigt werden. Die Leistungen der Aufschieber sind zu keinem Zeitpunkt ein reales Abbild ihrer Fähigkeiten, denn sie spiegeln nur das wider, was unter Zeitdruck zustande gebracht wurde.

Das Wichtigste zuerst erledigen

Widmen Sie sich sofort der Hauptsache, auch wenn Sie meinen, nicht genügend Zeit vor sich zu haben. Konzentrieren Sie Ihre ganze Energie wie einen Laserstrahl darauf. Nutzen Sie die „Schweizer-Käse-Technik": Durchlöchern Sie den Berg, jeden Tag immer wieder neu. Bedenken Sie: *„Der wahre Sinn, seine Zeit zu beherrschen, besteht darin, ihre Qualität zu optimieren."*[6]

Entgehen Sie der menschlichen Trägheit, indem Sie sich für jede Woche und für jeden Arbeitstag eine wichtige Sache bzw. eine Zielaufgabe vornehmen und erledigen. Kennzeichnen Sie diese Aufgabe auffällig in Ihrem Wochen- und Tagesplan. Ist der Anfangswiderstand überwunden, dann geht Ihnen die Arbeit leicht von der Hand. Befreien Sie Ihren Schreibtisch von Ablenkung. Thomas Mann etwa verfasste auf seinem aufgeräumten Schreibtisch täglich von 9 bis 12

Uhr eine bis zwei Seiten, selbst auf Reisen. Das Resultat: jährlich ein Roman von gut 400 Seiten.

8. Regel: Persönliche Tages- und Wochenschau halten

Wie viele Tage leben Sie schon? Bitte rechnen Sie das aus:

Wie viele Tage leben Sie schon?

✎ .... Tage

Erinnern Sie sich an den Kernsatz dieses Kapitels? *Heute ist der erste Tag vom Rest Ihres Lebens.* Jeder Tag, den Sie leben, ist etwas Einmaliges, aber auch ein Schritt in Richtung Tod. Jeder Tag ist es daher wert, ihn abends zu bewerten.

Früher gingen die Menschen bewusster mit der Zeit um: Sie schrieben Tagebücher und verarbeiteten so ihre Eindrücke. Unsere Historiker wären arm dran ohne die Zeugnisse des Zeitgeschehens.

Das Tagebuch als Tagesschau

Nehmen Sie sich täglich einige Minuten Zeit, um den Tag oder die Woche zu bilanzieren. Wenn es eine Erfolgsbilanz ist, freuen Sie sich. Sollten Sie Defizite feststellen, dann denken Sie über die Ursachen und Lösungsmöglichkeiten nach. Es hängt in der Regel von Ihnen ab, wie Sie den Tag oder die Woche abschließen. Versuchen Sie, ihn/sie stets so abzuschließen, dass Sie die nächste Woche oder den nächsten Tag positiv gestimmt beginnen. Mit Ihrer persönlichen Tagesschau sollten Sie den nächsten Tag planen, und zwar so, dass Sie morgens sofort mit dem Wichtigsten beginnen können. Fragen Sie sich gleich heute Abend:

Tagesbilanz: Soll oder Haben?

Die fünf G-Fragen

1. *Was habe ich heute / diese Woche für meine Gesundheit getan?*
2. *Was habe ich heute / diese Woche für meinen Geist getan?*
3. *Was habe ich heute / diese Woche für mein Gefühlsleben getan?*
4. *Wie habe ich mich gegenüber anderen Gruppen (Menschen) verhalten?*
5. *Was habe ich für meine Grundsätze (Ziele) getan?*

Da die meisten Menschen von der Wichtigkeit ihres Tuns überzeugt sind, unterlassen sie es meistens, sich dessen bewusst zu werden, was sie getan haben. Anders ausgedrückt: Es fehlt ihnen der Abstand zu sich selbst. Um diesen Abstand herzustellen, sollten Sie abends oder am Wochenende kurz darüber nachdenken, was Ihnen die Woche oder der Tag gebracht hat und welche Konsequenzen daraus für die Zukunft folgen.

Welche der kennen gelernten Zeitplanregeln werden Sie zukünftig anwenden?

1. _____

2. _____

3. _____

4. _____

5. _____

6. _____

An dieser Stelle lade ich Sie zu einer mentalen Verstärkerübung ein. Bitte schließen Sie die Augen und konzentrieren Sie sich auf Ruhe. In Gedanken sehen Sie jetzt Ihren Arbeits- oder Studienplatz. Sie sehen die Farben, nehmen die Gerüche wahr, sehen und sprechen mit Ihren Kolleginnen und Kollegen. Sie nehmen gedanklich Platz an Ihrem Schreibtisch und stellen sich vor, dass Ihnen automatisch die Zeitmanagement-Regeln einfallen, die Sie anwenden wollen. Bleiben Sie etwa drei Minuten bei dieser Vorstellung. Wiederholen Sie diese Übung mehrmals. So programmieren Sie Ihr Unterbewusstsein für Zeitmanagement. Nehmen, geben oder gönnen Sie sich die Zeit dafür! Nehmen Sie sich auch Zeit für Ihre Entspannung! Als Beispiel möchte ich Ihnen im Folgenden das autogene Training erläutern.

Übung: So manifestieren Sie Ihre Zeitplanungsziele im Unterbewusstsein

3.4 Das autogene Training als Teil Ihres Zeitmanagements

Wer zielorientiert arbeitet, wer Mühen und Entbehrungen auf sich nimmt, um spätere Erfolge zu ernten, wer nachts hart arbeitet, um am Tage Erfolg zu haben, ist seelisch und körperlich stärker belastet als jene Gattung von Normalbürgern, welche die Arbeit als die leider unumgängliche Unterbrechung von Freizeit betrachtet. Kein Zielenthusiast wird von Stress verschont. Manche leiden unter Nervosität, andere gar plagen körperlich-funktionelle Störungen.

Wer weiß schon, dass zwei Drittel aller organischen Leiden seelisch bedingt sind oder aber durch den Einfluss seelischer Vorgänge verschlimmert werden? Man spricht in diesem Zusammenhang von so genannten „psychosomatischen Störungen" (Psycho-

Viele organische Leiden sind psychisch bedingt

117

somatik ist die Lehre von den körperlichen Auswirkungen seelischer Ereignisse). Schon in ihrer alltäglichsten Form, z. B. als Magenweh oder Stuhlverstopfung, können diese die Leistungsfähigkeit und Lebensfreude beeinträchtigen.

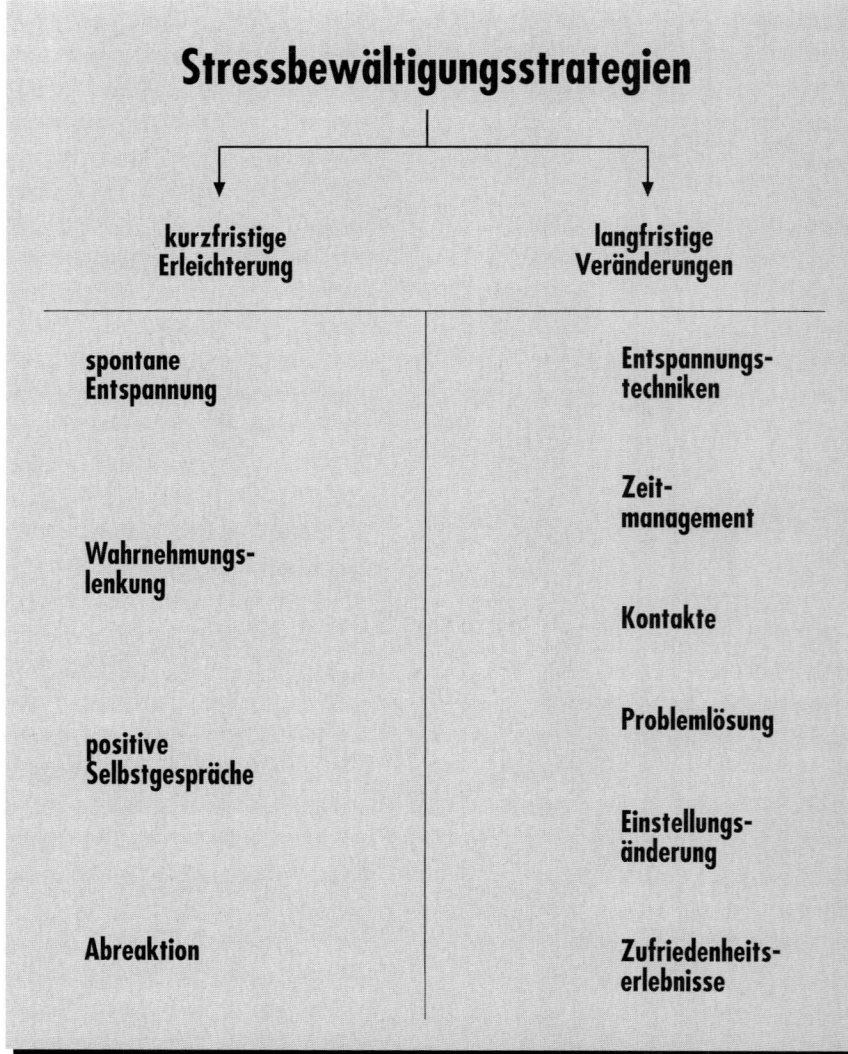

Stressbewältigungsstrategien

kurzfristige Erleichterung	langfristige Veränderungen
spontane Entspannung	Entspannungstechniken
Wahrnehmungslenkung	Zeitmanagement
	Kontakte
positive Selbstgespräche	Problemlösung
	Einstellungsänderung
Abreaktion	Zufriedenheitserlebnisse

Doch wenn die Seele körperliche Abläufe negativ beeinflusst, dann muss sie dies doch umgekehrt auch positiv können! Dies geschieht beim autogenen Training. Der Begründer dieser Methode positiver Selbstbeeinflussung, Prof. Dr. Heinrich Schultz (er lebte von 1884 bis 1970), schrieb, dass sie *„zur Steigerung von Gesundem, von Leistung, Selbstbeherrschung, Erholung usw. oder zur Verminderung und gegebenenfalls Beseitigung von Ungesundem"* dient. Da Körper und Seele eine Einheit bilden, ist dies auch tatsächlich möglich.

Autogenes Training ist positive Selbstbeeinflussung

Ziel der Grundstufe des autogenen Trainings ist es, den Organismus zur Ruhe zu bringen. Da nervöse Störungen innerhalb des unwillkürlichen, vegetativen Nervensystems auftreten, kommt es darauf an, die Ruhe insbesondere in jene Körperbereiche zu bringen, die Ihrem Willen in aller Regel nicht zugänglich sind. Es kommt darauf an, willentlich den selbständig (autonom) arbeitenden Teil des Organismus zu beeinflussen.

Den Organismus zur Ruhe bringen

Dass dies möglich ist, sehen wir am Beispiel indischer Yogis, die ihren Herzschlag über Wochen hinweg verlangsamen können. Vergleichsweise leicht zu einem solch drastischen Eingriff in die Funktion der inneren Organe ist es, den Puls auf eine ruhige Schlagfrequenz einzuregulieren. Um dies zu erreichen, bedienen Sie sich der Wirkungsweise Ihres Nervensystems. Wie Sie wissen und schon erlebt haben, spielen sich psychische Abläufe – z. B. Gedanken, Gefühle und Vorstellungen – nicht nur im Gehirn ab, sondern sind immer notwendig mit körperlichen Reaktionen verbunden. Stellen Sie sich einmal vor, Sie beißen in eine Zitrone. Ihre Speicheldrüsen reagieren schon allein *aufgrund der Vorstellung.*

Übungen für den ganzen Körper

Jede Übung beeinflusst ein bestimmtes Gebiet oder Organsystem Ihres Körpers, nämlich

- *Nervensystem*
- *Muskeln*
- *Blutgefäße*
- *Atmung*
- *Bauchorgane (Sonnengeflecht)*
- *Kopf/Stirn*

Die Konzentration auf diese Körperregionen bzw. Organsysteme erfolgt durch folgende innere Formulierungen oder Vorstellungen:

1. *Ich bin ganz ruhig!* (Einstieg)
2. *Der rechte Arm ist ganz schwer!* (Muskeln)
3. *Der rechte Arm ist ganz warm!* (Blutgefäße)
4. *Die Atmung ist ganz ruhig!* (Atmung)
5. *Das Herz schlägt ruhig und kräftig!* (Herz)
6. *Das Sonnengeflecht ist strömend warm!* (Bauchorgane)
7. *Die Stirn ist angenehm kühl!* (Kopf)

Hier sei nochmals darauf hingewiesen, diese Übungen nicht angestrengt und angespannt zu betreiben. Versuchen Sie, die Formulierungen und entsprechenden gedanklichen Vorstellungen so zu verinnerlichen, als hingen Sie Ihren Lieblingsgedanken nach. Natürlich ist es nicht zu vermeiden, dass sich beim Üben auch andere Gedanken einstellen. Kämpfen Sie gegen diese nicht krampfhaft an, sondern versuchen Sie stets geduldig, zu Ihren Übungsformeln zurückzukehren.

„Ohne Fleiß kein Preis." Dieses Sprichwort gilt auch für das autogene Training. Erst nach etwa sechs Wochen intensiven Übens stellen sich die ersten positiven Effekte des Trainings voll ein. Das setzt zweimaliges Üben pro Tag voraus, am besten am gleichen Ort, zur selben Zeit oder in der gleichen Situation des Tagesablaufs. Es empfiehlt sich, einmal liegend und einmal sitzend zu trainieren.

Regelmäßiges Üben ist notwendig

Schon vor dem Üben sollten Sie versuchen, die Muskeln in eine entspannungsfördernde Stellung zu bringen. Prof. H. Schultz nannte als Beispiel den Droschkenkutscher, der während der Wartezeiten ohne jede Muskelspannung in seinem Knochengerüst hing.

Die Muskeln entspannen

Nun zu den einzelnen Übungen:

1. Ich bin ganz ruhig!

Dies ist die Einstiegsformel. Sie wurde bewusst an den Anfang gestellt, um so die Voraussetzung für alle weiteren konzentrativen Schritte zu schaffen. Mit dieser Formel – sie ist keine eigentliche Übung – stimmen Sie sich auf das Ziel des autogenen Trainings, Ruhe und Entspannung, ein.

Gedanklich schließen Sie einen Kreis um sich, sperren die Alltagsprobleme aus und stellen sich eine Zeit lang außerhalb des Geschehens. Störende Gedanken lassen Sie wie Wolken am Himmel vorbeiziehen, ohne ihnen besondere Aufmerksamkeit zu widmen. Geräusche und Lärm können Sie als Übungsverstärker nutzen. Denken Sie: „Lärm macht mich noch ruhiger!" Intensivieren Sie das Ruheerlebnis, indem Sie sich einen sehr ruhigen Ort vorstellen oder sich an einen solchen erinnern.

Einen gedanklichen Kreis um sich ziehen

Etwa zwei Minuten lang konzentrieren Sie sich auf die Formel „Ich bin ganz ruhig!". Horchen und sehen Sie in sich hinein, fühlen Sie sich gelöst und entspannt. Ist dann eine gewisse Ruhe eingetreten, beginnen die eigentlichen Übungen.

2. Der rechte Arm ist ganz schwer!

Die Bewegungsmuskeln entspannen

So lautet die erste Übung. Sie bewirkt, dass sich die Bewegungsmuskeln entspannen. Konzentrieren Sie sich etwa zwei Minuten lang auf diese Formel. Stellen Sie sich vor, Ihr rechter Arm (bei Linkshändern der linke Arm) wäre aus Blei und würde schwerer und schwerer. Die nun einsetzende Entspannung der Armmuskeln kann an einem Elektromyograph (EMG) abgelesen werden. Jeder kennt dieses Gefühl, das auch kurz vor dem Einschlafen durch charakteristische Zuckungen sinalisiert wird.

Im weiteren Verlauf des Trainings breitet sich das Schweregefühl automatisch auch auf andere Körperbereiche aus. Ist das eingetreten, dann erweitern Sie Ihre Vorsatzformel auf „Beide Arme sind ganz schwer!" und später „Beide Arme und beide Beine sind ganz schwer!".

3. Der rechte Arm ist ganz warm!

Die Blutgefäße entspannen

Diese Formel zielt auf das Entspannen der Blutgefäße. Stellen Sie sich vor, wie ein warmer Strom vom rechten Schultergelenk (bei Linkshändern vom linken) in den Oberarm fließt, von dort auch in den Ellbogen, dann in die Hand und schließlich in die Finger. Auch diese Übung dauert wie alle anderen etwa zwei Minuten.

Ihnen ist bekannt, dass bestimmte Gemütsregungen die Durchblutung beeinflussen. In einer peinlichen Situation erröten Sie (Blutstau), Schreckmomente sind mit Erblassen verbunden (Blutleere). Auf prinzipiell ähnliche Weise lernen Sie beim autogenen Training, einen besseren Blutdurchlauf herbeizuführen. Wie der Gesamtorganismus, so wird auch der Blutkreislauf durch das Nervensystem gesteuert. Die Blutgefäße regulieren Blutmenge und Blutdruck, indem sie sich erweitern oder verengen. Eine Erweiterung führt zu besserer Durchblutung (und damit zu besserer Sauerstoffversorgung), die sich in den betreffenden Körperbereichen als Wärmeempfinden bemerkbar macht. Darum lautet die Formel: „Der rechte Arm ist ganz warm!"

4. Die Atmung ist ganz ruhig!

Das ist die Konzentrationsformel, mit der Sie sich von Ihren Gliedmaßen lösen, um mit der Aufmerksamkeit ins Körperinnere zu gehen. Mit dieser Organübung nehmen Sie einen „Eingriff" bei sich selbst vor. Sie verstärken das Ruheerlebnis und vertiefen meist auch das Schwere- und Wärmegefühl.

Die Aufmerksamkeit nach innen richten

Im Gegensatz zu atemgymnastischen Übungen wird beim autogenen Training die Atmung passiv empfunden. Sie sollen Ihren Atemrhythmus spüren, sich ihm ohne Beeinflussung überlassen. Um diese passive Einstellung zum Atem zu betonen, empfahl Prof. Schultz die zusätzliche Formel: „Es atmet mich!"

5. Das Herz schlägt ruhig und kräftig!

Mit dieser Übung wenden Sie sich gedanklich dem Herzschlag zu. Versuchen Sie, sich in Ihre Herzgegend hineinzudenken. Je bildhafter Sie sich den pulsierenden Herzmuskel vorstellen, ein Gefühl für die kraftvollen Pumpbewegungen entwickeln oder den Rhythmus der Doppelschläge in Ihrer Brust hören können, desto schneller tritt der Erfolg dieser Übung ein. Die Formel hat einen außerordentlich günstigen Einfluss auf den gesamten Kreislauf. Oft hilft die

Den Kreislauf günstig beeinflussen

Vorstellung einer ruhig und gleichmäßig laufenden Dampfmaschine, um diese Übung zu meistern.

6. Das Sonnengeflecht ist strömend warm!

Steuerung der Bauchorgane

Mit dieser Übung werden die Organe des Bauchraumes besser durchblutet und entspannt. Das Sonnengeflecht (plexus solaris) ist ein wichtiges Steuerzentrum des vegetativen Nervensystems. Man bezeichnet es auch als „Lebensnervknoten". Es liegt in der Mitte zwischen Nabel und unterem Ende des Brustbeins, vor der Hauptschlagader Aorta.

Während der Übung stellen Sie sich vor, wie Sie diesem Nerven-Schaltzentrum mit seiner millionenfachen „Verkabelung" im Unterleib die Steuerung Ihrer Bauchorgane überlassen. Das ähnelt dem meditativen „Zur-Mitte-" oder „In-sich-Gehen" und knüpft an altertümliche Vorstellungen vom Sonnengeflecht als „Sitz der Seele" an. Darin liegt ein Körnchen Wahrheit, denn insbesondere im Bauch tritt die psychosomatische Wechselwirkung von Leib und Seele zutage. Die Sprache zeigt es: Ärger „schlägt einem auf den Magen", vor Wut „läuft einem die Galle über", eine Sache „geht jemandem an die Nieren" u. Ä. Mit dem Gelingen dieser Übung haben Sie das Ziel des autogenen Trainings, den Zustand einer von Ihnen selbst herbeigeführten konzentrativen Entspannung, erreicht. Bei normal verlaufendem Übungsgang müssten Sie nun mit schwerem, strömend warmem, ruhig atmendem und durchpulstem Körper daliegen oder sitzen.

7. Die Stirn ist angenehm kühl!

Wärme- und Kälteempfinden verstärken sich gegenseitig

Hierbei handelt es sich um eine Verstärkerformel. Mit einem kühlen Kopf empfinden Sie Ihren schweren und warmen Körper noch intensiver. So wie die Wärmeübungen die Blutgefäße erweitern, bewirkt

124

diese Formel eine leichte Gefäßverengung. Die daraus entstehende Blutleere wirkt angenehm abkühlend. Diese Übung gelingt häufig dann am besten, wenn Sie sich vorstellen, wie ein zarter Lufthauch über Ihre Stirn hinwegstreicht. Vermeiden Sie aber Formulierungen, um das Kälteempfinden zu beschleunigen oder zu verstärken. Es wäre Ihnen nicht zuträglich.

Die Kühleübung hilft in vielen Fällen gegen Kopfschmerzen, die zu etwa siebzig Prozent gefäßbedingt sind. Wem es gelingt, Körperwärme und Stirnkühle zu konzentrieren, für den gilt das Sprichwort: „Kühler Kopf und Füße warm, macht den besten Doktor arm!"

Hilfe gegen Kopfschmerzen

8. Das Zurücknehmen

Das Zurücknehmen der Übungen muss genauso sorgfältig trainiert werden wie diese selbst. Genau genommen nehmen Sie nur die Schwere- bzw. Muskelübung zurück. Damit erreichen Sie einen Zustand der klaren Wachheit nach Abschluss der Übungen. Es ist das Gleiche, als ob Sie sich nach dem morgendlichen Aufstehen räkeln und strecken (das können Sie auch nach dem autogenen Training tun). In beiden Fällen verschaffen Sie Ihren Muskeln die für den Tag notwendige Spannkraft. Das Zurücknehmen unterbleibt, ebenso wie die Stirnkühle, in einem Falle: wenn Sie nach dem autogenen Training schlafen wollen.

Angenommen, Sie erlernen das autogene Training ganzheitlich, indem Sie also alle Übungen von Beginn an trainieren, dann beenden Sie den Trainingsdurchgang in folgender Reihenfolge:

1. *Formel: „Arme fest!"*
   (Arme beugen und strecken, sich räkeln)
2. *Formel: „Tief atmen!"*
   (tief ein- und ausatmen)
3. *Formel: „Augen auf!"*
   (Augen öffnen)

9. Ihre zielverstärkende Zusatzformel

Korrektur eines Fehlverhaltens

Die Zeitspanne zwischen der Stirnübung und dem Zurücknehmen eignet sich gut für zielverstärkende Zusatzformeln. Die konkrete Formulierung hängt vom Ziel ab. Geht es um die Korrektur eines Fehlverhaltens, dann empfehlen sich Gleichgültigkeitsformeln, etwa so:

* *Zigarette/Alkohol/Sahnetorte ist mir
  ganz und gar gleichgültig;*
* *Chef weit weg; Chef ist mir ganz und gar
  gleichgültig;*
* *Ich freue mich, an meinem Ziel ... zu
  arbeiten, und spüre Kraft in mir.*

Entwicklungsziele

Geht es um persönliche Entwicklungsziele in Studium, Sport und Beruf, empfehlen sich so genannte Affirmationen, also Verstärkungen. Hier können Sie sich aus einem großen Strauß an Formulierungen bedienen, z. B.

* *Ich weiß, dass ich es schaffe;*
* *Ich kann es und freue mich, es zu schaffen;*
* *Ich werde mein Ziel mit Energie und Freude
  erreichen.*

Sie konzentrieren sich etwa drei Minuten stark auf Ihre spezielle Formel. Dann lassen Sie sie nochmals drei Minuten nachwirken, so wie ein angeschobenes Auto eine kleine Strecke von alleine läuft. Danach konzentrieren Sie sich nochmals drei Minuten stark auf die Spezialformel. Anschließend nehmen Sie die Übung zurück, so wie es unter 8. beschrieben wurde.

Diese Ausführungen ersetzen keinen Kursus, dessen Teilnahme ich Ihnen an dieser Stelle nochmals empfehle. Sie ersetzen auch keine vertiefenden Literaturstudien über spezifische Anwendungsmöglichkeiten des autogenen Trainings.[7]

Literatur:

1   DER SPIEGEL, 20/1989, S. 213
2   Vgl. Helga Nowotny: *Eigenzeit*, Frankfurt/M. 1989
3   Lothar J. Seiwert: *Wenn Du es eilig hast, gehe langsam. Das neue Zeitmanagement in einer beschleunigten Welt*, Frankfurt/M. 1998, S. 72
4   Vgl. Günther Feyler: *Endlich mehr Zeit haben*, München 1982, S. 182
5   Vgl. Servan Schreiber: *Die 90-Minuten-Stunde. Mehr Zeit zum Leben*, Düsseldorf 1984, S. 76
6   Ebenda, S. 109
7   Gisela Eberlein: *Gesund durch autogenes Training*, 10. Auflage, Düsseldorf, 1996

4. So aktivieren Sie Ihre psychischen Kräfte für Ihre Ziele

Wo Ideen plötzlich herkommen

Zu den psychologischen Werkzeugen, die Sie für Ihre Zielerreichung nutzen können, gehört das Unterbewusstsein, die „Werkstatt der Seele". Das Unterbewusstsein ist eine Art genetisches Langzeitgedächtnis bzw. die Ebene, auf der die tieferen Erfahrungen des Menschen verankert sind. Sicherlich kennen Sie Situationen wie diese: Sie haben lange über ein Problem nachgedacht, ohne eine Lösung zu finden. Plötzlich, Stunden später, kommt Ihnen „die Idee". Das zeigt, dass eine Idee in Ihrem Kopf Wurzeln geschlagen hat und Ihnen unerwartet eine reife Frucht anbietet.

Über den Wert von Geistesblitzen

Solche Geistesblitze kommen aus dem Unterbewusstsein; die Geschichte der Menschheit ist voll von Beispielen, die die Wirkungsweise von Intuitionen belegen. Hier eines von vielen Beispielen, dessen Wahrheitsgehalt nach mehr als 2000 Jahren mit gewissen Vorbehalten betrachtet werden muss: Der griechische Gelehrte Archimedes sollte das Volumen einer goldenen Königskrone bestimmen. Lange dachte er darüber nach, fand aber keine Lösung. Tage später, als er in der Badewanne lag und das überschwappende Wasser beobachtete, kam ihm plötzlich der Einfall. Er tauchte die Krone in einen Behälter und maß das überschwappende Wasser. Daher stammt der berühmte Ausruf „Heureka" (ich hab's).

Solche Geistesblitze können in Form regelrechter Ideensalven auftreten. So komponierte Mozart die Ouvertüre zu „Don Giovanni" in der Nacht vor der Premiere. Johann Wolfgang von Goethe schuf in einem Schreibrausch von nur drei Tagen das Schauspiel „Die Geschwister" und in acht Tagen das Trauerspiel „Clavigo".

Der Wert aller Techniken, die das Unterbewusstsein stimulieren, ist unbestritten und wird nicht mehr als spiritistische Quacksalberei abgetan. In der Medizin, im Leistungssport, in der Pilotenausbildung und Raumfahrt werden solche Psychostimulanzien genutzt. Nicht zuletzt können sie auch Ihnen auf dem Weg zu Ihren Zielen von großem Nutzen sein.

Wo Psychostimulanzien genutzt werden

4.1 Wo ein Wille ist, ist das Ziel nicht weit

Auf dem Weg zu Ihrem Ziel müssen Sie häufig kämpfen, und zwar mit sich selbst. Es ist ein Kampf zwischen dem „Ich muss" und dem „Ich will nicht". 80 % der Zwänge, die uns zurückhalten, sind innerlich. Nur 20 % der Schranken sind äußerlich. Besonders dann, wenn das Ziel mit schwierigen Einzelaufgaben verbunden ist, neigen wir dazu, in Ersatzhandlungen und Scheinaktivitäten zu flüchten. Nichts zu tun würde uns zu sehr mit einem schlechten Gewissen belasten. Darum wenden wir uns Unwesentlichem zu. Die eigentliche Aufgabe schieben wir vor uns her und warten auf den Moment der höheren Eingebung und richtigen Verfassung. Etwas wird auf die lange Bank geschoben. So entstehen Berge unangenehmer Pflichten.

Der Kampf zwischen dem „Ich muss" und dem „Ich will nicht"

Irgendwann erkennt man, dass der Rückstand nicht mehr aufzuholen ist, und bricht sein Vorhaben ab. Können Sie sich an eine solche Situation erinnern?

Der Kampf zwischen dem „Ich muss" und dem „Ich will nicht" berührt eine elementare Voraussetzung des Selbstmanagements, den Willen. Sie kennen

Zielqualität hängt von der Willensqualität ab

vielleicht das Sprichwort: *„Willensstarke Menschen durchschwimmen den Strom des Lebens, willensschwache baden nur darin."* Es besagt, dass bei allen großen menschlichen Leistungen Willensqualitäten eine bedeutende Rolle spielen. Auch Ihr Zielerfolg kann nie größer sein als Ihr Wille und Ihre Bereitschaft dazu.

So entstehen innere Widerstände

Innere Widerstände entstehen, wenn in Ihnen widersprüchliche Wünsche und Antriebe aufeinander treffen. Dieser Konflikt tritt in der Regel schon dann auf, wenn sich unter den Aufgaben, die Sie lösen wollen, leichtere und schwerere befinden. Die meisten Menschen wenden sich eher der leichteren Arbeit zu, obwohl die schwierigere vielleicht die wichtigere ist.

„Der eigene Wille, zum Erfolg zu gelangen, ist weit wichtiger als alles andere", sagte einmal der frühere US-Präsident Abraham Lincoln. Viele Forschungsergebnisse belegen den Zusammenhang zwischen Leistungsmotivation, Wille und Selbstvertrauen. Die Leistungsbereitschaft ist umso höher, je mehr leistungsbezogene Gedanken und Vorstellungen in das Wollen einfließen. Zum Können muss das Wollen kommen.

Der Wille – eine Definition

Aber was ist der Wille? Darunter versteht man *die Absicht zu bewussten Handlungen, die Zielen dienen und ungeachtet innerer und äußerer Widerstände realisiert werden.*

Wille als Produkt Ihrer Selbsterziehung

Der Wille ist keine angeborene Eigenschaft, sondern das Produkt Ihrer Selbsterziehung. Willensstärke entwickeln Sie umso besser, je konsequenter, gleichmäßiger und beherrschter Sie Schwierigkeiten und Hindernisse überwinden. Das gilt insbesondere für

Ziele, die sich über mehrere Jahre erstrecken und durch Teilziele realisiert werden, z.B. ein Studium. Ein kluger Kopf sagte einmal: *„Erfolg entsteht mit einem Prozent durch Inspiration und mit neunundneunzig Prozent durch Transpiration."* Goleman schreibt in seinem Bestseller, dass diejenigen, die in Konkurrenzaktivitäten ganz nach oben kommen, sich von den Gleichbegabten durch die Ausdauer, mit der sie Jahr für Jahr anstrengend üben, unterscheiden.[1]

Was den Willen auslöst

Ihr Wille wird geformt und gestärkt durch Meinungen, die sich bei Ihnen gebildet haben, auch durch Einsicht und Erkenntnis. Empörung spielt eine wichtige Rolle, denken Sie nur an die Umweltverschmutzung und das daraus folgende Engagement vieler Menschen. Auch Vorbilder prägen Ihre Ziele und somit Ihr Verhalten.

Die Rolle von Gefühlen

Alle hier aufgeführten Faktoren münden in Selbstmotivation, also in eine Art Handlungsantrieb. Die Energie hierfür liefern Ihre Gefühle, die eine sehr große Rolle für Ihre Ziele spielen. Jemand, der mit Leidenschaft, Gefühl und Verstand arbeitet, erreicht eher seine Ziele als jemand, der sie gezwungenermaßen verfolgt.

Sie können Ihren Willen beeinflussen und verstärken, anders ausgedrückt, „programmieren", insbesondere durch ein Bündel bewährter Methoden, die als *Mentaltechniken* bezeichnet werden. Im Zusammenhang mit dem Thema Ziele sind dies:

- *Suggestion bzw. Autosuggestion*
- *Imagination bzw. Visualisierung*
- *Positives Denken bzw. Selbstvertrauen.*

Diese Mentaltechniken bilden eine Einheit, denn positives Denken ist in gewisser Hinsicht zugleich Autosuggestion. Imagination beinhaltet Suggestion. Selbstvertrauen beinhaltet, Dinge auch positiv zu sehen.

Mentales Training ist *Probe handeln in der Phantasie.* Es ermöglicht Ihnen, Fertigkeiten oder Verhaltensweisen zu verbessern, indem Sie sich psychisch damit beschäftigen, ohne physische Berührung.

Handlungen durch Gedanken steuern

Jeder bewussten Handlung geht ein auslösender Gedanke voraus. Diesen Umstand nutzen Mentaltechniken, indem sie Handlungen durch Gedanken steuern. Darum werden Mentaltechniken von *Spitzensportlern* eingesetzt, um Bewegungsabläufe zu verbessern und Selbstbewusstsein für den Wettkampf zu gewinnen; von *Astronauten* und *Piloten,* um die komplizierte Apparatur von Raumschiffen und Flugzeugen sicher zu beherrschen und um in Notlagen richtig zu handeln; von *Führungskräften,* um sich Mitarbeitern gegenüber richtig zu verhalten; von *Rednern,* um die Wirkung des Vortrages zu steigern.

Mit diesen Methoden wird auch aus Ihrem Willen eine Art geistige Kompassnadel, die aus Ihrem Unterbewusstsein heraus den von Ihnen gewünschten Kurs gewährleistet.

4.2 Zielprogrammierung durch Suggestion

Jeder Mensch treibt täglich Autosuggestion, positiv oder negativ. Positiv, indem Sie sich gut zureden, negativ, wenn Sie glauben, die Sache gehe schief.

Mit Autosuggestionen programmieren Sie Ihr Unterbewusstsein und manövrieren Ihre psychischen Steuerungskräfte in die Richtung Ihres Zieles. So wie Sie Fremdbefehlen mehr oder weniger unbewusst folgen, z. B. den Farben einer Verkehrsampel, so soll auch Ihr autosuggestiver Befehl in Ihr Unterbewusstsein eindringen und es programmieren. Wie geht das?

Die psychischen Steuerkräfte programmieren

Sie wissen, dass Befehle, die in der Hypnose gegeben werden, oft auch nach der Hypnose ausgeführt werden. Das gilt auch für selbst-hypnotische Befehle. Darauf basiert z.B. das autogene Training (siehe Seite 117). Jeder Gedanke, der sich auf Ihren Körper bezieht, hat im Körper eine Folgewirkung. Diese Kraft der Gedanken können Sie in einem Selbstexperiment nachvollziehen. Schließen Sie die Augen und stellen Sie sich bildhaft Ihr Lieblingsgericht vor. Wie schmeckt Ihnen der Gedanke? Er hat so viel Kraft, dass Ihre Magensäfte aktiv werden.

Ein Experiment

Die Kraft der Gedanken macht sich auch der Arzt zunutze, der seinem Patienten ein Placebo verabreicht. Ist diese Scheintablette rot und sagt der Arzt mit fester Stimme: „Diese Pille hilft Ihnen", dann trifft dieses in den meisten Fällen zu.

Beispiel Placebo

Der französische Apotheker Cué, der den Begründer des autogenen Trainings, Johannes Schultz, maßgeblich beeinflusste, empfahl seinen Kunden, es zunächst mit gutem Zuspruch zu versuchen und erst dann Pillen zu schlucken. Diese Autosuggestion empfahl er:

Es geht mir jeden Tag in jeder Hinsicht
immer besser und besser.

Die Beziehung zwischen Bewusstsein und Unterbewusstsein

Bei der Autosuggestion bringen Sie Ihr Bewusstsein und Ihr Unterbewusstsein in eine Beziehung. Die bewusst formulierte Suggestion geht in eine Autosuggestion über, wenn Ihr Unterbewusstsein sie aufnimmt. Anders ausgedrückt: Durch autosuggestive Befehle vereinen Sie in sich zwei Persönlichkeiten: eine befehlende und eine ausführende.

Jetzt kennen Sie die „Mechanik" der Autosuggestion und können sie nutzen, um Ihr Ziel zu affirmieren (d. h. zu verstärken). Sprechen Sie die folgenden Sätze bei jeder passenden Gelegenheit zu sich selber:

Ich bin erfolgreich.
Ich weiß, dass ich es schaffe.
Ich kann es, ich packe es.

Aufgabe

Wie könnte die Autosuggestion für Ihr Ziel lauten? Bitte benutzen Sie das Arbeitsblatt.

Wie könnte die Autosuggestion für mein Ziel lauten?

_____

_____

_____

_____

_____

Solche autosuggestiven Programmierungen können Sie auch im fortgeschrittenen Erwachsenenalter vornehmen. Versuchen Sie es doch einmal mit folgender, dem autogenen Training entliehenen Formel: *„Ich bin den ganzen Tag guter Laune und werde das Problem xy schon lösen."* Im entspannten Zustand abends beim Einschlafen und morgens in der Frühe konzentrieren Sie sich auf diese Formel und lassen sie in Ihre tieferen Bewusstseinsschichten einsickern.

Ein Vorschlag

Wirksamer als Autosuggestionen sind Suggestionen in Form der Hypnose. Zwar sollte diese Methode im Zusammenhang mit Ihrer Zielerreichung ausscheiden, da sie einen Eingriff in Ihre Autonomie darstellt. Aber es gibt auch Formen der Fremdsuggestion, die in Wirklichkeit von Ihnen selbst durchgeführt werden.

**Übung:
Autosuggestion per
Kassettenrekorder**

Ein deutscher Verhaltenstrainer, Sohn des bekannten Erfolgsmethodikers Schellbach, empfiehlt ein Suggestionsverfahren, bei dem Sie auf einen Kassettenrekorder einige Minuten lang positive Botschaften über sich selbst sprechen, z. B. „Ich bin gut, ich packe das, ich arbeite diszipliniert" u. Ä. Diese Botschaften hören Sie sich jeden Morgen im Badezimmer an. Da Sie Ihre eigene Stimme als fremd empfinden, resultiert daraus eine suggestive bzw. hypnotische Wirkung auf Ihr Unterbewusstsein. Sie sind eingeladen, diese Methode auszuprobieren. Sprechen Sie die im vorherigen Arbeitsblatt protokollierten Botschaften und weitere auf das Kassettenband, aber bitte in der zweiten Person („Du wirst es schaffen!"; „Du kannst es, weil ..." u. Ä.). Wie könnte sich Ihr etwa fünfminütiges Hörspiel anhören?

**Eine weitere
Möglichkeit: die
Videosuggestion**

Als noch wirkungsvoller hat sich eine Methode erwiesen, die ich erstmals 1992 in einem Seminar testete. Je zwei Teilnehmer, die sich sympathisch fanden, besprachen ein Videoband mit Positivbotschaften. Person A sagte Gutes über Person B und umgekehrt. Jeder Seminarteilnehmer sieht sich nun täglich einige Minuten das Videoband mit den Positivbotschaften an, um sich von einem anderen Menschen positiv stimulieren zu lassen.

**Machen Sie Werbung
für Ihre Ziele**

Den gleichen Effekt erzielen Sie, wenn Sie solche Positivbotschaften auf große Zettel oder auf eine Art Plakat schreiben und sichtbar aufhängen. Nicht anders arbeitet die Plakatwerbung, um Ihr Unterbewusstsein zum Kaufen zu verführen. Warum sollte dies nicht auch für Sie ein wirksames Mittel sein?

Es gibt auch Wörter, die auf Sie suggestiv wirken. Im Folgenden finden Sie eine kleine Auswahl solcher Wörter. Gehen Sie die einzelnen Begriffe durch und suchen Sie diejenigen aus, die Ihr Wohlbefinden steigern oder Ihnen Energie für Ihr Ziel geben. Kreuzen Sie die entsprechenden Wörter an. Verändern Sie anschließend gedanklich das Schriftbild, die Schriftgröße, die Farbe oder den Hintergrund der Wörter, so lange, bis Sie die Ihnen am besten gefallende Form gefunden haben. Dieses Bild prägen Sie sich fest ein und aktivieren es mehrmals täglich, indem Sie gleichzeitig an Ihr Ziel denken. Mit dieser einfachen Übung können Sie viel Mentalenergie für Ihr Vorhaben schöpfen.

Bitte kreuzen Sie die Begriffe an, die angenehm bzw. aktivierend auf Sie wirken:

Suggestiv wirkende Wörter

- ❏ Aufmerksamkeit
- ❏ Befreiung
- ❏ Beharrlichkeit
- ❏ Bestimmtheit
- ❏ Brüderlichkeit
- ❏ Dienen
- ❏ Einfachheit
- ❏ Einschließlichkeit
- ❏ Erneuerung
- ❏ Freigebigkeit
- ❏ Freude
- ❏ Friede
- ❏ Geduld
- ❏ Guter Wille
- ❏ Harmonie
- ❏ Initiative
- ❏ Kraft
- ❏ Liebe
- ❏ Macht

- ❏ Ausdauer
- ❏ Begeisterung
- ❏ Beständigkeit
- ❏ Bewunderung
- ❏ Dankbarkeit
- ❏ Disziplin
- ❏ Energie
- ❏ Entschlossenheit
- ❏ Ewigkeit
- ❏ Freiheit
- ❏ Freundschaft
- ❏ Ganzheit
- ❏ Gelassenheit
- ❏ Güte
- ❏ Humor
- ❏ Integration
- ❏ Licht
- ❏ Loslassen
- ❏ Mitgefühl

❏ Mut
❏ Ordnung
❏ Ruhe
❏ Schöpferische Tätigkeit
❏ Schweigen
❏ Synthese
❏ Unerschütterlichkeit
❏ Urteilskraft
❏ Vertrauen
❏ Wagemut
❏ Weisheit
❏ Wirklichkeit
❏ Zusammenarbeit

❏ Objektivität
❏ Pünktlichkeit
❏ Schönheit
❏ Selbständigkeit
❏ Stille
❏ Unendlichkeit
❏ Universalität
❏ Verständnis
❏ Vitalität
❏ Wahrheit
❏ Wille
❏ Würdigung

4.3 Zielprogrammierung durch Imagination

Bitte stellen Sie sich vor, dass Sie sich mit einer dicken Kette an Ihr Ziel ketten. Was bewirken solche Gedanken?

„Ein Bild sagt mehr als 1000 Worte",

lautet ein altes chinesisches Sprichwort. Der Mensch ist ein Augentier. Das wissen Sie aus eigener Erfahrung. Gesichter können Sie sich besser merken als Namen.

Die Aufgabe der linken Hinhälfte

Die Ursache hierfür liegt in der Konstruktion des menschlichen Gehirns. Linke und rechte Hirnhälfte haben unterschiedliche Aufgaben. Die linke Hälfte ist zuständig für logisches Denken, Lesen, Analysieren, Detaillieren, Zählen und Berechnen sowie für alles, was mit Sprache auf der Ebene von Grammatik, Syntax und Semantik zu tun hat. Mit der linken Hirnhälfte organisieren und klassifizieren Sie. Sie ist in ihrem Leistungsvermögen abhängig von dem, was Sie an Wissen und Erfahrung gespeichert haben. In ihr sind jene psychologischen Programme gespeichert, die Ihr angelerntes Wissen verarbeiten.

Die rechte Hirnhälfte denkt in Bildern. Sie ist zuständig für Ihre Körpersprache, Gefühle und Ihre Kreativität. Sie arbeitet ganzheitlich. In ihr werden neue Ideen produziert. Sie ist in gewisser Hinsicht leistungsfähiger als die linke Hälfte, da in ihr die psychologischen Programme für angeborene Fähigkeiten arbeiten.

Die Aufgaben der rechten Hirnhälfte

Natürlich wirken beide Hälften zusammen, denn Sie sind mit einigen hundert Millionen Nervenfasern verbunden. Außerdem muss vieles zunächst „linkshirnig" bearbeitet worden sein, bis es „rechtshirnig in die Endmontage" geht. Hierzu ein bekanntes Beispiel: Der berühmte Chemiker Kekule hatte jahrelang über die Anordnung der chemischen Elemente im Benzol nachgedacht. Er wusste, es gab jeweils sechs Atome Wasserstoff und Kohlenstoff (C6H6). Eines Nachts im Traum, nach dem Besuch eines Tiergartens, in dem er zwei ineinander verschlungene Schlangen gesehen hatte, lieferte ihm seine rechte Gehirnhälfte die Lösung. Die Molekularstruktur des Benzols ähnelte einem Sechseck mit jeweils einem Arm an jeder Ecke. Dem Jahrhundertgenie Albert Einstein wird nachgesagt, dass er mit seiner rechten Hirnhälfte die Relativitätstheorie entwickelte und mit seiner linken die Formeln dazu schrieb.

Die Zusammenarbeit von linker und rechter Hirnhälfte am Beispiel von Kekule und Einstein

Die Entwicklungsgeschichte des menschlichen Gehirns reicht einige hundert Millionen Jahre zurück. Jedoch gibt es erst seit circa fünfzigtausend Jahren die Arbeitsteilung von linker und rechter Seite, also erst, seitdem wir Menschen mit dem Verstand denken und handeln. Sprache, Mathematik

Warum die rechte Hirnhälfte leistungsfähiger als die linke ist

und Wissenschaft hatten, gemessen an der gesamten Entwicklungsgeschichte des Gehirns, nur wenig Zeit, ihre Programme im Kopf zu installieren. Das erklärt, warum die rechte, also die bildlich denkende Hirnhälfte, so leistungsfähig ist. Diese Leistungsfähigkeit sollten Sie sich für Ihr Ziel zunutze machen. Das geschieht über Imagination bzw. Visualisierung.

Imagination im Leistungssport

Im Leistungssport wird die Imagination mit System angewandt. Tennisspieler spulen einen inneren Lehrfilm ab, mit dem sie z. B. ihre Vorhand verbessern wollen. Golfspieler sehen vor dem Schlag den Ball im Loch landen. Bobfahrer führen vor der Fahrt einen „Bauchtanz" vor, entsprechend der Kurvenführung des Eiskanals, um so mit Hilfe ihres Unterbewusstsein entscheidende Zehntelsekunden gegenüber den Mitbewerbern herauszuholen.

Weltklassesportler gehen sogar noch weiter: Sie reaktivieren vor einem schwierigen Wettkampf Bilder früherer Erfolge, vom Siegeinlauf über die Siegerehrung bis hin zur Flaggenparade. Das soll sie an das in ihnen Mögliche und schon Gewesene erinnern. Je bildhafter ein Sportler denken kann, umso leistungsfähiger ist er in der Regel.

Imagination in der Krebstherapie

Auch in der Astronauten- und Pilotenausbildung wird mit Imaginationen gearbeitet, um aus einer außergewöhnlichen Situation eine gewöhnliche zu machen, wie man sie schon oft (in Gedanken) erlebt hat. Bekannt sind auch Beispiele aus der Krebstherapie. In vielen Kliniken der Welt stellen sich Patienten, angeleitet von Psychologen, vor, wie Polarbären (weiße Blutkörperchen) eine Giftschlange (Tumor) in Stücke zerreißen. Infolge von Imagination werden an den Nervenfasern hormonale Botschaften ausgesendet, die von einer Immunzelle aufgefangen und entziffert werden.

140

Die recht junge Wissenschaft der Psycho-Neuro-Immunologie (PNI) entdeckt fast täglich neue Netzwerke von Nervenfasern und molekularen Brücken, die Körper und Psyche miteinander in Verbindung halten. Inzwischen liegen genügend Belege dafür vor, dass solche positiven Imaginationen das Immunsystem tatsächlich stärken, indem Geist und Bewusstsein in den molekularen Informationsfluss zwischen Nerven und Immunsystem eingespeist werden. Diese Wiedervereinigung von Leib und Seele bewirkte eine Revolution in der therapeutischen Medizin mit vielfältigem Nutzen.

Erkenntnisse der Psycho-Neuro-Immunologie

Auch Sie können mit Hilfe eigener Phantasiebilder Ihre Ziele besser erreichen. Dazu möchte ich Ihnen die Methode des idealisierten Zielbildes vorstellen. Sie geht so:

Übung

1. Schritt: Vorab entspannen Sie sich mindestens drei Minuten.

2. Schritt: Sie imaginieren nun drei bis fünf Minuten klar und präzise den angestrebten Zielzustand. Wichtig ist, dass dieses Zielbild im Bereich Ihrer Möglichkeiten liegt und relativ bald erreicht werden kann.

3. Schritt: Jetzt vergleichen Sie drei Minuten lang das Zielbild mit dem aktuellen Zustand und schlüpfen in die Rolle Ihres eigenen Trainers. Als dieser sagen Sie nun zu sich, was Sie erreichen wollen und wie es geschehen soll.

4. Schritt: Denken Sie eine Minute lang an den Nutzen, den Ihnen dieses Ziel bietet, wenn Sie es erreicht haben.

Drehen Sie einen Film

Nun lade ich Sie zu einer zweiten Imaginationsübung ein. Drehen Sie im Kopf einen dreiminütigen Kurzfilm über Ihr Ziel. Sie selbst sind Regisseur, Schauspieler und Zuschauer. Schreiben Sie kurz Ihr Drehbuch mit den wichtigsten Szenen. Benutzen Sie dazu das folgende Arbeitsblatt. Sie können aber auch den Zielvertrag aus Kapitel 1 zur Grundlage machen. „Sehen" Sie sich diesen Film jeden Morgen und ggf. auch noch tagsüber an. Seien Sie Ihr eigener Filmkritiker.

Ihr Drehbuch für Ihren Zielfilm

1. _____

2. _____

3. _____

4. _____

5. _____

6. _____

7. _____

8. _____

9. _____

Sie wissen, dass Bilder eine starke Suggestivkraft haben. Darum werden Werbebotschaften immer mit Bildern ausgestattet. Auch aus der Religion kennen wir die Kraft des Bildlichen. Millionen Menschen nutzen vielfältig Ikonen und Heiligenstatuen, um ihre Seele zu stärken. Um etwas zu erklären, sagen wir: „Stell dir doch mal vor ..." Wir sprechen von *Einsicht* und *Durchblick*, von *Sichtweisen* und *Sehnsucht*, von *Hellseherei* und *Unsichtbarkeit*.

Zu einer letzten Imaginationsübung möchte ich Sie einladen. Sie ähnelt der Autosuggestionsübung mit den Positivbotschaften (Seite 136). Statt eines Plakates mit Text sollen Sie nun ein Bild Ihres Zieles malen. Es kann die Größe eines Notizblocks bis hin zum Plakat haben. Es steht Ihnen frei, diese Übung mit der vorherigen Plakatübung zu verbinden, indem Sie das Bild mit Text unterlegen. Statt eines gemalten Bildes können Sie auch eine Collage mit ausgeschnittenen Zeitschriftenbildern gestalten. Ihrer Phantasie sind keine Grenzen gesetzt. Hängen Sie Ihr Bild sichtbar auf, um ständig an Ihr Vorhaben erinnert zu werden.

Noch ein Übungsvorschlag

4.4 Zielprogrammierung durch positives Denken

Haben Sie schon einmal darüber nachgedacht, wie viel Zeit, Kraft und sogar Gesundheit durch negative Gedanken verloren geht? Menschen sorgen sich um ihre Gesundheit, ihre berufliche Position, ängstigen sich vor Prüfungen, Kunden oder Vorgesetzten. Vielleicht gehören Sie auch zu denjenigen, die sich immer wieder ängstlich fragen: „Wird das auch gut gehen?" Manche Menschen lassen sich von der Ängstlichkeit regelrecht hypnotisieren. Angst ist ein Leck in Ihrer Nervenbatterie und lässt wertvolle Lebensenergie ungenutzt abfließen.

143

Sie können sich negative Gedanken auch angewöhnen. Dann entfalten diese ein Eigenleben, werden zu Tatsachen in Ihrem Gehirn und so zu Störfaktoren Ihres Verhaltens. Schon vor über 2000 Jahren sagte der Philosoph Epiktet:

„Nicht die Dinge selbst beunruhigen die Menschen, sondern die Vorstellung von den Dingen."

Er brachte es mit seinen positiven Sichtweisen vom Sklaven zum geachteten Philosophen.

„Nicht die Dinge selbst beunruhigen die Menschen, sondern die Vorstellungen von den Dingen." (Epiktet)

Negatives Denken verkrampft Sie und mindert Ihre Leistungsfähigkeit, schadet Ihrem Fortkommen, Ihrer Gesundheit und dem Zusammenleben mit Familie und Kollegen. Nehmen Sie das Negative zur Kenntnis, aber weigern Sie sich, sich ihm zu unterwerfen. Natürlich gibt es Negatives in Hülle und Fülle, aber es gibt auch viel Positives. Sie müssen lernen, Plus- und Minuszeichen richtig zu portionieren. Nehmen Sie Negatives bewusst auf und konfrontieren Sie es mit Positivem. Glauben Sie an Ihre Möglichkeiten und misstrauen Sie Ihren Zweifeln. Wenn Sie in schwierigen Situationen auch das Positive sehen, beweisen Sie damit Ihre Intelligenz. Es geht darum, dass Sie eine Geisteshaltung entwickeln, die Sie davor bewahrt, angesichts Ihrer Probleme bzw. Schwierigkeiten in Hoffnungslosigkeit zu verfallen. Folgen Sie nicht dem deutschen Nationalmotto: „Das geht nicht". Es geht doch.

Negatives Denken mindert Ihre Leistungsfähigkeit

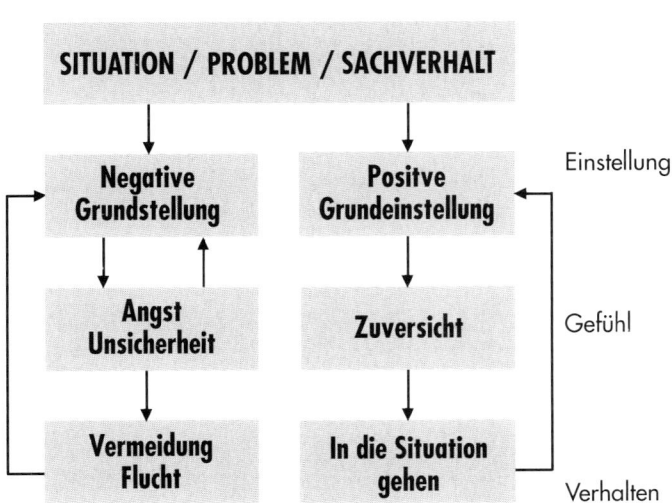

Wirkungsweisen positiven und negativen Denkens

Die Folgen negativen Denkens

Die Wirkungsweise des negativen Denkens möchte ich Ihnen an einem interessanten Beispiel illustrieren:

Der berühmte Gewichtheber Wassilijew Alexejew hob in den Siebzigerjahren einen Weltrekord nach dem anderen. Dann war plötzlich bei 250 Kilogramm Schluss. Der „Dauerweltmeister" und die Fachwelt waren sich einig, dass die Leistungsgrenze im Gewichtheben erreicht war. Wassilijew Alexejew wurde Opfer seines negativen Denkens. Sein angestrengtes „Ich muss" und sein gleichzeitiges Misstrauen in die eigene Kraft hemmten sein mögliches Leistungsvermögen. Es gab lange keinen neuen Weltrekord, bis eines Tages Folgendes passierte: Ein Psychologe beriet den Trainer, 251 kg auf die Hantelstange zu legen, dem Weltmeister aber zu sagen, es seien 249,5. In diesem Glauben hob der Sportler einen neuen Weltrekord und steigerte sich in den nächsten Jahren um weitere 30 Kilogramm. Die Mentalsperre war durchbrochen.

Was zeigt dieses Beispiel? Glaubt jemand fest, dass er eine bestimmte Leistung nicht bringen könne, dann wird sich seine Psyche auch nicht anstrengen, diese Grenze zu überschreiten. Der Körper allein schafft es nicht. Die Grenzen werden nicht von der Sache her gesteckt, sondern liegen in der Natur des Geistes.[2]

Ein Beispiel für positive Selbstsuggestion

Das zeigt auch ein weiteres Beispiel: Viele Menschen versuchten, mit einem Faltboot den Atlantik zu überqueren, und bezahlten dies mit dem Leben. Der Arzt Johannes Lindemann versuchte es ebenfalls, aber er bereitete sich mehrere Monate mental darauf vor. Er ließ täglich diese Suggestionen in sein Unterbewusstsein einfließen: *„Ich schaffe es"*, *„Ich fühle mich wohl"* und *„Kurs West"*. So konditionierte er sein Unterbewusstsein und behielt sogar die Nerven, als sein Boot am 57. Tag im Sturm kenterte. Zweimal segelte er über das Meer. Heute lehrt er autogenes Training als eine Methode der Selbstsuggestion.

Positives Denken zeigt sich auch daran, dass einem gewisse Verhaltensweisen fremd sind. In dem Buch „Lessons from the top" ist dieses über die 50 besten US-Businessleader zu erfahren: *„Kein Stöhnen über Informationsfluten, kein Ächzen über Globalisierung, kein Jammern über staatliche Regulierungen, kein Händeringen über die blinde Macht des Zufalls. Im Gegenteil – der Zufall wurde zum Verbündeten domestiziert."*[3]

Der Zufall als Verbündeter

„Selbstvertrauen ist der Name, den wir dem Egoismus der Erfolgreichen beilegen", sagte der amerikanische Essayist Elbert Hubbard. Er hatte Recht, denn Erfolgsmenschen besitzen ein gesundes Selbstvertrauen. Das zeichnet besonders große Schachspieler aus, wie Gary Kasparow, Bobby Fischer oder Paul Murphy. Sie sehen sich positiv, glauben an ihr Können und gehen optimistisch jede Herausforderung an. Bobby Fischer rühmte sich ständig: „Es gibt keinen lebenden Menschen, den ich nicht schlagen könnte." Mit dieser Einstellung konnte er, erst neunzehn Jahre alt, Schachweltmeister werden. Spitzensportler brauchen diese Form der Selbstbestätigung. Boxer tönen vor jedem Kampf, dass sie ihren Gegner schlagen werden. Deshalb wurde das Boxgenie Cassius Clay auch das „Großmaul" genannt, aber für viele Boxexperten war er der größte Boxer aller Zeiten. Viele Sportler führen während des Wettkampfes sogar Selbstgespräche, positiven wie negativen Inhalts. Der Optimist denkt genauso einseitig wie der Pessimist, aber er ist zufriedener.

Selbstvertrauen – eine Form des positiven Denkens

Positives Denken als medizinische Therapie

Der Zusammenhang zwischen positivem Denken und körperlichem Wohlbefinden ist durch viele medizinische Studien belegt, obwohl die zugrunde liegende Mechanik noch unerforscht ist. Wenn Sie sich und die Welt positiv sehen, wird Ihre Lymphozytenproduktion animiert. Dazu folgende Beispiele: An der University of California mussten Schauspieler Gemütszustände wie „Trauer" oder „Schwermut", aber auch „Freude" und „gute Stimmung" darstellen. Das Ergebnis: Bei freudvollen Aktivitäten erhöhte sich die Zahl der Abwehrzellen und sie verringerte sich nach den traurigen.

Positives Denken und Lebensdauer

An der Yale-Universität stellte man fest, dass positive Selbstgespräche die Lebensdauer erhöhen. Sieben Jahre lang wurden 3000 ältere Menschen ständig untersucht. Diejenigen, die sich und die Welt pessimistisch sahen, hatten innerhalb eines genau kontrollierten Zeitraums eine größere Sterblichkeitsrate als die positiv gestimmten. Die Gesundheit aller Beteiligten war zu Beginn des Forschungsprojekts etwa gleich.

Die sich selbst erfüllende Prophezeiung

Auch in Bereichen außerhalb der Medizin gibt es statistisch gesicherte Beweise über den Zusammenhang zwischen positiver Erwartung und der positiven Folge daraus als einer von vielen Fällen der „sich selbst erfüllenden Prophezeiung". Der US-Psychologe Robert Rosenthal hat in Experimenten nachgewiesen, dass der Experimentator durch seine Erwartung Einfluss auf das Ergebnis seines Versuches nimmt. Fachleute sprechen vom Rosenthal-Effekt.

Angst blockiert

Der Vater der „Emotionalen Intelligenz", Daniel Goleman, schreibt in seinem Buch, dass man in 126 verschiedenen Untersuchungen an mehr als 36 000 Personen feststellte, dass die akademische Leistung

(Klausurnoten, Leistungstests, Notendurchschnitte) umso schlechter ausfällt, je mehr jemand zu Ängsten neigt.[4] Angst untergräbt den Verstand. Infolge der Adrenalinausschüttung und der damit i. d. R. einhergehenden Denkblockierung kommt man erst richtig in den Teufelskreis.

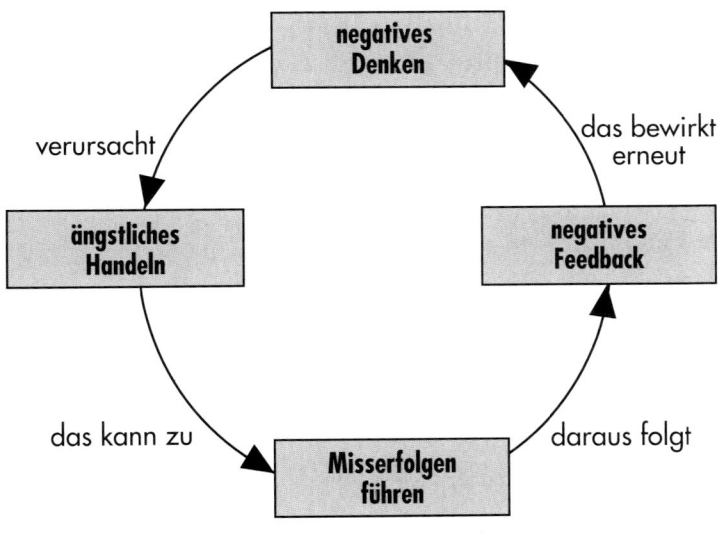

Der Teufelskreis negativen Denkens

Es liegt also oft an Ihrer Sichtweise, ob ein Sachverhalt zum Problem wird oder nicht. Bedenken Sie: Ihr Denken beeinflusst Ihr Verhalten. Ihr Verhalten wirkt auf Ihr Denken. Sie geraten bei einer überwiegend pessimistischen Sichtweise schnell in den dargestellten Teufelskreis (siehe Abbildung). Nehmen Sie darum sofort den Kampf gegen Ihr pessimistisches Ich auf. Betrachten Sie sich und Ihre Umwelt positiv. Denken Sie ab sofort nicht mehr problem-, sondern zielorientiert. Sie sollen nicht das Negative nicht wollen, sondern das Positive herbeiführen. Je mehr Platz Sie positiven Eindrücken geben, desto mehr entziehen Sie Ihren negativen Erinnerungen Zeit und Raum.

Das eigene Ich positiv stärken

149

Wie sehen Sie sich?
Ich bin

von Natur aus träge, ängstlich, pessimistisch und vermeide Herausforderungen, so dass ich mich eher als	von Natur aus aktiv, mutig optimistisch und suche Herausforderungen, so dass ich mich eher als
Mängelwesen/ Verlierer	Fähigkeitswesen/ Gewinner
erlebe	erlebe

Ich lade Sie zu einer Technik des positiven Denkens ein, die in der psychologischen Therapie eingesetzt wird. Weil sie sich dort bewährt hat, hat sie auch andere Anwendungsfelder gefunden, so z.B. den Leistungssport. Diese Technik heißt *Reframing* (d.h. etwas in einen neuen Rahmen stellen).

4.5 Auch Sie können sich positiv umpolen

Die Sowohl-als-auch-Sichtweise

Die Reframingtechnik geht davon aus, dass jede Verhaltensweise von Ihnen, ob nun positiv oder negativ, auf verschiedene Weise gedeutet werden kann. Auch ein scheinbar negatives Verhalten hat positive Aspekte. *„Jedes ... Verhalten ist im entsprechenden Kontext oder Rahmen angemessen."*[5] Sie kennen das berühmte Beispiel mit dem halb vollen oder halb leeren Bierglas. Das noch halb volle Bierglas ist schon halb leer. Ein Sachverhalt wird also anders betrachtet.

Demzufolge versucht ein Berater, der mit Reframing arbeitet, seinen Gesprächspartner zu befähigen, eine andere Sicht zu sich zu entwickeln. Hierzu ein Beispiel aus meiner eigenen Arbeit.

Ein Bankmanager war mit sich selbst unzufrieden, weil er von sich meinte, ängstlich zu sein. Infolgedessen brauchte er mehr Zeit für Entscheidungen als seine Kollegen. Das aber brachte ihm Ärger ein, und er geriet in einen Kreislauf von Ängstlichkeit und Ärger.

Ein Beispiel

Eine positive Betrachtung dieses Verhaltens ergab, dass er in Wirklichkeit sehr sorgfältig die Risiken seiner Entscheidungen abwog. Er verfügte über genau jene Qualifikation, die jemand braucht, dem andere ihr Geld anvertrauen. Diese Sichtweise gab ihm sein Selbstvertrauen zurück. Was in einem bestimmten Zusammenhang als Schwäche gilt, erscheint in einem anderen Zusammenhang als Stärke und umgekehrt. Dies ist eine besondere Art des dialektischen Denkens, nämlich im Positiven auch das Negative und im Negativen auch das Positive zu erkennen und richtig zu nutzen.

Das Ziel des Reframing ist nicht unbedingt, dass etwas Positives dabei herauskommt, sondern etwas für Sie Nützliches. Mit Reframing schaffen Sie Distanz zum Problem. Das ist wichtig, denn:

Ein Problem zu lösen
heißt, sich vom Problem zu lösen.

Die veränderte Sichtweise führt von der Fixierung auf ein Problem weg und schafft neue, in die Zukunft gerichtete Handlungsweisen. Sie sind eingeladen, Verhaltensweisen, die Ihnen negativ erscheinen, positiv umzudeuten.

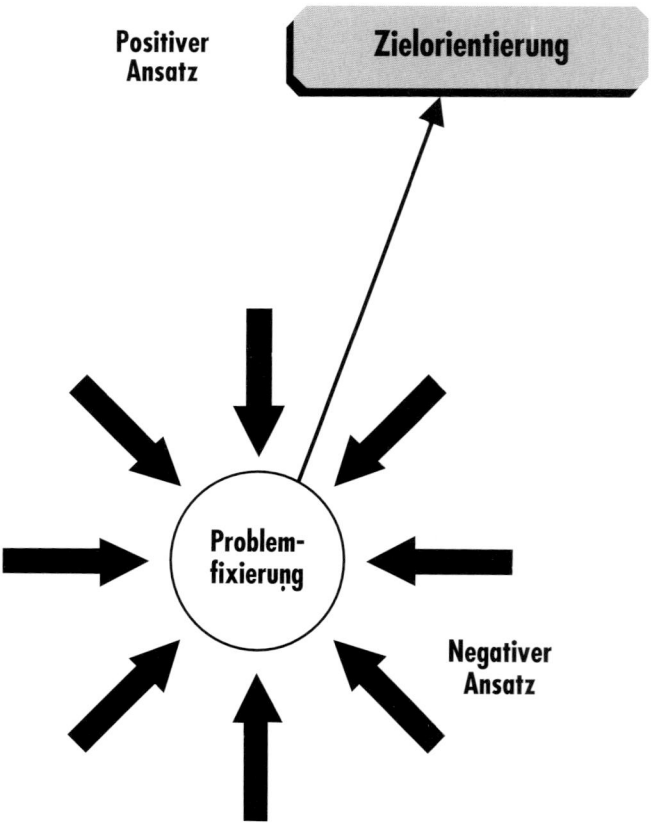

**Von der Problemfixierung
zur Zielorientierung**

Übung | Welche Ihrer Denk- und Verhaltensweisen empfinden Sie als negativ? Welche positiven Aspekte beinhaltet dieses Denken und Handeln? Bitte benutzen Sie das Arbeitsblatt *Reframing*. Lesen Sie vorab die folgenden zwölf Fragen und notieren Sie Ihre Antworten.

1. Notieren Sie in einigen Stichworten das Verhalten, das Sie stört.

_____

_____

2. Was stört Sie besonders daran?

_____

_____

3. Beschreiben Sie das Verhalten, das in dem „Fehler" steckt, knapp und präzise mit neutralen Worten.

_____

_____

4. Welche Eigenschaften und Fähigkeiten zeigen sich in diesem Verhalten? Benutzen Sie neutrale oder positive Worte.

_____

_____

5. In welchen Momenten könnte diese Fähigkeit für Sie nützlich sein?

_____

_____

6. Was könnte die positive Absicht Ihres „negativen" Verhaltens sein?

_____

_____

7. Durch welches weniger störende Verhalten könnten Sie die positive Absicht weiterverfolgen?

_____

_____

8. Notieren Sie in Stichworten das störende Verhalten eines anderen Menschen, mit dem Sie schwer zurechtkommen.

_____

_____

9. Was stört Sie besonders daran?

_____

_____

10. Schauen Sie sich das störende Verhalten des anderen an. Überlegen Sie sich Situationen, in denen genau dieses Verhalten mit dieser Fähigkeit für den anderen nützlich sein könnte.

_____

_____

11. Überlegen Sie sich auch Situationen, in denen Sie jemand mit dieser Fähigkeit unterstützen könnte.

_____

_____

12. In welchen Situationen hätten Sie diese Fähigkeiten des anderen gerne selbst?

_____

_____

Welche meiner Denk- und Verhaltensweisen empfinde ich als negativ?	Welche positiven Aspekte beinhaltet dieses Denken und Handeln?

4.6 Denke positiv, aber realistisch

Positiv zu denken heißt jedoch nicht, seine Ziele irrational zu sehen. Ihr positives Denken muss sich auf realistische Ziele beziehen. Angenommen, Sie versuchen, sich mit der Positivsuggestion „Ich will im Lotto gewinnen" zu beeinflussen, dann bezeugt dieses mangelnde Realitätsnähe bzw. eine Bewusstseinstrübung. Sie können auch das Leid und Elend unserer Welt nicht einfach positiv wegdenken. Das wäre gegenüber denen, die das Leid ertragen müssen, anmaßend und würde die Situation noch verschlimmern.

Positives Denken mit negativen Wirkungen

155

Ebenso wenig zeugt es von Selbstvertrauen, wenn jemand mit Leichtsinn eine schwere Aufgabe zu bewältigen versucht. Positives Denken zeigen Sie, wenn Sie die Schwierigkeiten einer Aufgabe anerkennen und sich im Bewusstsein dieser Schwierigkeit sagen: „Das werde ich schaffen." Selbstbewusst sind Sie also dann, wenn Sie die in Ihnen schlummernden Kräfte richtig einschätzen und überzeugt sind, dass Sie Ihr Ziel erreichen werden. Menschen, die ein gesundes Selbstvertrauen besitzen, sehen sich im Leben eher als Gewinner, Menschen mit fehlendem Selbstvertrauen dagegen eher als Verlierer.

Sich auf Stärken und Erfolge besinnen

Selbstvertrauen ist etwas, was Sie sich erarbeiten müssen. Als ersten Schritt sollten Sie sich zukünftig viel stärker auf Ihre Stärken besinnen und Ihre bisherigen Erfolge beachten. Sie stärken Ihr Selbstvertrauen mit jedem erfolgreichen Teilschritt auf dem Weg zu Ihrem Ziel. Auch sollten Sie dabei positive Selbstgespräche führen, aber von einer realistischen Position ausgehend, innerlich gelassen, die Situation so nehmend, wie sie ist.

4.7 Zielprogrammierung mit Motivationstechniken

Was ist Motivation?

Motivieren bedeutet umgangssprachlich, sich selbst oder einen anderen anzuregen, etwas Bestimmtes zu tun oder zu unterlassen. Erst in dieser Kombination haben Sie Erfolg:

Können x Motivation - Überwindung = Leistung.

In dem Wort Motivation steckt das lateinische „in movitum ire", d.h. in das einsteigen, was (den Menschen) bewegt. Der Mensch wird nur aktiv, um etwas zu gewinnen oder zu vermeiden. Sie wollen ein Ziel erreichen, also müssen Sie Dinge tun oder unterlassen, und zwar in zweierlei Hinsicht:

1. Sie brauchen Motivation, um auf ein Ziel hinzuarbeiten. Hier könnte man auch von der Motivierung als einer *Tätigkeit* sprechen.

2. Sie müssen diese Motivation aufrechterhalten. Hier ist die Motivation als *Zustand* gemeint.

Wie aber motivieren Sie sich? Grundsätzlich fördert das gesamte psychologische Werkzeug, das hier vorgestellt wurde, Ihre Motivation. Aber es gibt noch weitere Motivationsverstärker, die Sie einsetzen sollten. Doch zunächst sollten Sie sich Klarheit darüber verschaffen, womit Sie sich selbst motivieren, aber auch demotivieren können. *Selbstmotivierung* heißt also, die Verantwortung für die eigene Motivation und Leistungsbereitschaft selbst zu übernehmen.

Wie motivieren Sie sich?

Was motiviert Sie für Ihr Ziel? Was domestiziert Sie auf dem Wege zu Ihrem Ziel? Bitte benutzen Sie das folgende Arbeitsblatt.

Übung

Was motiviert Sie für Ihr Ziel?	Was demotiviert Sie auf dem Wege zu Ihrem Ziel?
✎	✎

Um den Sinn dieser Übung zu verdeutlichen, erhalten Sie zunächst einen kurzen Einblick in die *Motivationstheorie*.

Motivationsquellen

Ihre Motivation speist sich aus einer Fülle von Einflüssen, die aus verschiedenen Richtungen kommen, z. B. von der Familie, der Arbeitstätte oder dem eigenen Wertesystem. Ethische, materielle, psychologische und soziale Aspekte wirken als Bündel auf Ihre Entscheidungen.

Die Rolle der Bedürfnisse für Ihre Motivation

Eine Grundlage Ihrer Motivation sind Ihre menschlichen Bedürfnisse, z. B. nach Nahrung, Kleidung und sozialer Geborgenheit. Solange diese Bedürfnisse unbefriedigt bleiben, entsteht in Ihnen eine Spannung, die Sie beseitigen wollen, d. h., Sie sind motiviert, etwas zu tun oder zu unterlassen. Insofern sind Motive Beweggründe Ihres Handelns.

Sie werden nur dann handeln, wenn Sie etwas gewinnen oder vermeiden können. Demnach lassen sich Ihre Bedürfnisse unterscheiden in

- *Vermeidungsbedürfnisse* (z. B. Angst) und
- *Entfaltungsbedürfnisse* (z. B. Freude).

Entfaltungs- und Vermeidungsbedürfnisse

Angenommen, Sie haben das innere Bedürfnis, Sport zu treiben, dann sprechen wir von der primären Motivation, der ein Entfaltungsbedürfnis zugrunde liegt. Treiben Sie aber Sport, um Übergewicht zu vermeiden, ohne Spaß an der Bewegung, so liegen diesem sekundäre Motive bzw. Vermeidungsbedürfnisse zugrunde. Aus einer sekundären kann sich aber eine primäre Motivation entwickeln, insbesondere dann, wenn Sie ständig den Nutzen aus der Zielerfüllung imaginieren.

Der US-amerikanische Psychologe *Abraham Maslow* entwickelte 1954 eine Theorie der motivationsauslösenden Bedürfnisse. Danach sind Bedürfnisse rangmäßig gegliedert. Erst wenn das niedrigere Bedürfnis befriedigt ist, wirkt das nächsthöhere motivierend.[6] Die Basis der nach Maslow benannten Bedürfnispyramide bilden die existenziellen Grundbedürfnisse, z. B. Essen und Trinken. Auf der nächsten Stufe folgen die Sicherheitsbedürfnisse. In der Mitte sind die sozialen und nach oben hin die psychologischen Bedürfnisse, Anerkennung und Selbsterfüllung, angesiedelt. Erst wenn die Bedürfnisse einer Stufe erfüllt sind, wendet sich der Mensch der nächsthöheren Stufe zu.

Die Theorie von Abraham Maslow

Die Maslow'sche Bedürfnis- bzw. Motivationspyramide

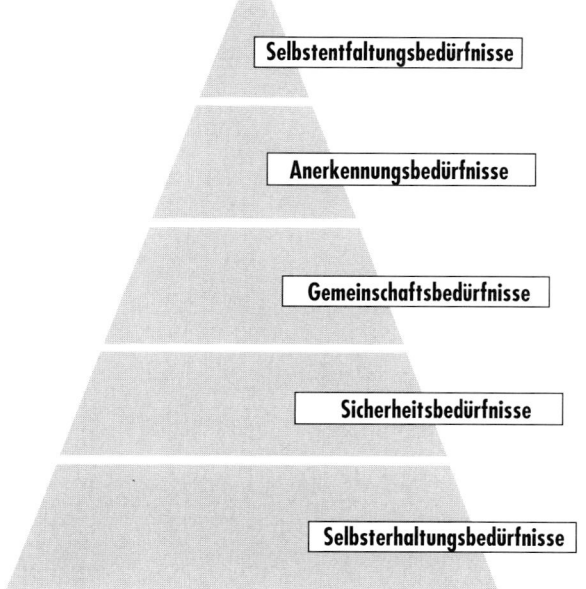

Die Maslow'sche Bedürfnispyramide

Bitte vergleichen Sie diese Darstellung mit Ihren Antworten auf Seite 157. Inwieweit decken sie sich? Welches der hier aufgeführten Bedürfnisse motiviert Sie für Ihr Ziel am stärksten? Bitte vergleichen Sie Ihre Antworten auch mit der Frage, ob Sie sich eher als Mängelwesen/Verlierer oder als Fähigkeitswesen/Gewinner erleben. Angenommen, Sie sehen sich als Mängelwesen/Verlierer, dann ist dies ein Zeichen dafür, dass Ihre Bedürfnisse der unteren beiden Stufen noch nicht erfüllt sind.

Welche Bedürfnisse sich als Motivator eignen

Da die Grund- und Sicherheitsbedürfnisse in unseren entwickelten Gesellschaften relativ gut befriedigt werden können, eignen sie sich nur beschränkt als Motivator. *„Die physiologischen Bedürfnisse, zusammen mit ihren Teilzielen, hören, wenn sie dauernd befriedigt werden, auf, als aktive Determinanten oder Ordner des Verhaltens zu existieren"*, sagt Abraham Maslow.[7]

Um Ihre persönlichen Ziele zu erreichen, eignen sich eher die Bedürfnisse nach Anerkennung und Selbstentfaltung.

Anerkennung als Motivator

Das Bedürfnis nach Anerkennung beinhaltet zwei Teilbedürfnisse: die Achtung anderer Menschen und die Selbstachtung. Der Autor des Buches „Mythos Motivation", Reinhard K. Sprenger, der sich sehr kritisch mit „Motipulierungstechniken" auseinander setzt, schreibt: *„Selbstachtung - und das ist wichtig! - scheint mir die wahre Quelle aller Motivation zu sein."*[8] Dieses Bedürfnis zu befriedigen setzt aber voraus, Anlässe zu schaffen, um von anderen geachtet zu werden und Selbstachtung zu entwickeln. Solche Anlässe schaffen Sie sich durch Erfolgserlebnisse aufgrund erreichter Teilziele. Der Erfolg ist schließlich die bezweckte Folge Ihres Tuns.

Sie empfinden ein erreichtes Ziel als Erfolg, wenn es anspruchsvoll war und die Aufgabe Ihnen Spaß gemacht hat. Erfolg ist bei den meisten Menschen der stärkste Motivator.

Nichts ist so erfolgreich wie der Erfolg.

Erfolg als Feedback für richtiges Handeln

Das Gefühl, täglich etwas besser zu machen, ist ein gewaltiger Motivator. Darum erhöht jeder Teilerfolg Ihren Anspruch an sich selbst. Jeder Erfolg reizt Sie, es neu zu versuchen. So motivieren Sie sich also durch Ihr eigenes (erfolgreiches) Tun. Jeder Teilerfolg auf dem Weg zu Ihrem Ziel ist ein Feedback dafür, dass Ihr Handeln richtig war. Jedes Lob durch andere, gute Leistungen oder Schulnoten verschaffen Ihnen einen Lustgewinn, mit dem Sie erneut motiviert werden, Ihr Endziel zu erreichen. Fachleute drücken dies so aus: Ein Verhalten wird immer dann wiederholt, wenn es positive Nacheffekte zeigt. Animieren Sie sich, indem Sie sich für Ihre Erfolge, auch für die kleinen Zwischenerfolge, belohnen und in Zukunft mehr Ihre Erfolge statt Misserfolge beachten. Feiern Sie Ihre Erfolge, auch die kleinen!

 Feiern Sie Ihre Erfolge, auch die kleinen!

Die positiven Folgen von Anerkennung und Selbstentfaltung

Die höherstufigen Bedürfnisse der Maslow'schen Pyramide haben mehr Vorbedingungen als die unteren. Das Streben nach Achtung bezieht mehr Menschen ein als das Streben nach Nahrung. Solche Bedürfnisse sind subjektiver als die Grundbedürfnisse. Grundbedürfnisse zu befriedigen ist wichtig, verschafft Ihnen aber kein Glück, keinen inneren Reichtum und keine Erfolgserlebnisse. Wenn Sie aber danach streben, Ihre Bedürfnisse nach Achtung und Selbstentfaltung zu befriedigen, hat das positive soziale Folgen. Es gibt Ihnen ein Gefühl des Selbstvertrauens und der Stärke. Sie empfinden sich als nützlich und notwendig für die Welt.

So finden Sie Ihre wahre Individualität. Sie sind auf dem Weg vom Haben zum Sein. Das ist gut, denn heute sind wir so sehr mit dem Haben und Mehr-Haben beschäftigt, dass wir kaum noch Zeit für das Sein finden. Zum echten Haben, sagt Erich Fromm, kommen Sie jedoch nur über das Sein und das Tun.[9] Shakti Gawain, eine amerikanische Autorin der New-Age-Bewegung, schreibt:

Vom Haben zum Sein

> *„Du musst zuerst sein, wer du wirklich bist,*
> *dann tun, was du tun musst,*
> *um zu haben, was du möchtest."*

Damit erklimmen Sie den Gipfel der Motivationspyramide. Sie nähern sich der Selbsterfüllung, ein Bedürfnis, von dem Maslow sagt, dass wir danach streben, alles zu werden, was zu werden wir fähig sind.

163

Literatur:

1   Daniel Goleman: *Emotionale Intelligenz,*
    München 1997, S. 107
2   Vgl. Fritz Stemme/Karl-Walter Reinhardt:
    Supertraining, Düsseldorf 1988
3   Zitiert nach: Holger Rust: *Die Geheimnisse des
    Erfolges,* in: Manager Magazin 1/2000, S. 184
4   Daniel Goleman, a. a. O.
5   Richard Bandler/John Grinder: *Reframing,*
    Paderborn 1990, S. 21
6   Vgl. Abraham Maslow: *Motivation und
    Persönlichkeit,* Olten 1977
7   Ebenda, S. 65
8   Reinhard K. Sprenger: *Mythos Motivation,*
    Frankfurt/M. 1996, S. 222
9   Vgl. Erich Fromm: *Haben oder Sein. Die seeli-
    schen Grundlagen einer neuen Gesellschaft,*
    Stuttgart 1976

5. So vereinbaren Sie Ziele mit Ihrem Chef oder Ihren Mitarbeitern

Vielleicht wollen Sie als Chef mit Ihren Mitarbeitern Ziele vereinbaren, z. B. Verhaltens- oder Leistungsziele. Vielleicht ist es umgekehrt, dass Ihr Vorgesetzter Ihnen Ziele setzt. Egal, in welche Richtung die Zielsetzung geht, es gelten die gleichen Erfordernisse an ein Ziel, so wie im Kapitel 1 beschrieben, hinsichtlich

- *Zielinhalt*   *(Was)*
- *Zielmenge*   *(Wie viel)*
- *Zielzeit*   *(Wann)*
- *Zielgrund*   *(Warum).*

Unternehmen brauchen den Erfolg. Er stellt sich nur dann ein, wenn sich eine Firma weiterentwickelt. Um diese Entwicklung zu garantieren, sind Ziele notwendig. Diese beschreiben einen erwünschten zukünftigen Zustand, den das Unternehmen erreichen will. Ohne Ziele gibt es keine gesteuerte Realisation. Man kann zwar hart arbeiten, aber mit einer diffusen Vorwärtsstrategie ins Ungewisse. Je klarer und eindeutiger Ziele formuliert sind, umso besser kann das zielgerichtete Verhalten erfolgen.

In Unternehmen und anderen Organisationen ist es natürlich notwendig, die Ziele aufeinander abzustimmen. Zu diesem Zweck wurde ein besonderes Managementkonzept entwickelt, das *Führen durch Zielvereinbarung* (Management by Objectives). Dieses wurde erstmals von dem aus Österreich stammenden US-Amerikaner Peter F. Drucker in seinem Buch „Die Praxis des Managements"[1] 1954 vorgestellt. Obwohl es schon bald 50 Jahre alt ist, hat es sich noch längst nicht in allen Unternehmen durchgesetzt.

Führung durch Zielvereinbarung

165

Mitarbeiter und Vorgesetzte legen gemeinsam Ziele fest

Beim Management by Objectives legen Vorgesetzte und Mitarbeiter *gemeinsam* Ziele fest, stecken den Verantwortungsbereich ab und bewerten auf der Basis erreichter Ziele die Leistung des Mitarbeiters. Der Mitarbeiter weiß also, was von ihm erwartet wird, und kennt den Maßstab, nach dem seine Leistung beurteilt wird. Gemeinsam vereinbarte Ziele nützen der Orientierung und geben den Handelnden Energie und Richtung. Dieses Führungskonzept ist überwiegend auf das unmittelbare Verhältnis zwischen Vorgesetztem und Mitarbeiter gerichtet, also auf das, was man auch die „interaktionelle Führung" nennt.

Die Art und Weise der Zielbildung und ihre Wirkung auf den Mitarbeiter

Führen durch Zielvereinbarung beruht auf der Annahme, dass Mitarbeiter über ungenutzte Leistungspotenziale verfügen, die durch die Übertragung von Eigenverantwortung aktivierbar sind. Mit dieser Eigenverantwortung im Rahmen der vereinbarten Ziele wird ein ausgewogenes Verhältnis von Fremdkontrolle durch den Vorgesetzten und Selbstkontrolle durch den Mitarbeiter angestrebt. Bekanntlich bewirkt die Einbeziehung von Mitarbeitern in Managemententscheidungen eine höhere Akzeptanz als deren autoritative Vorgabe von oben. Viele Untersuchungen zeigen, dass mit Zielvereinbarungen arbeitende Unternehmen deutliche Leistungsvorteile gegenüber anderen haben.

Selbstkontrolle und Fremdkontrolle

Dabei ist zu beachten, dass das MbO-Konzept in einer Zeit entstand, in der man noch vom Top-down-Ansatz ausgehend instrumenten- und systemgläubig war. Mit dem richtigen Instrument und dem passenden System meinte man, alles managen zu können, unabgängig vom konkreten Arbeitsgegenstand. Der Mitarbeiter musste nur mit den richtigen Instrumenten „behandelt" und passgenau in das System eingefügt werden. Oft wurden Zielvereinbarungsgespräche zu geschickten Überzeugungsmonologen degradiert, frei nach der Devise: Wie überzeuge ich meine Mitarbeiter, meine Ziele zu erreichen?

Der moderne Führungsbegriff geht eher in die Richtung des Gestaltens von Rahmenbedingungen. Diese sollten so beschaffen sein, dass die Mitarbeiter ausgehend von diesen Rahmen- und Marktbedingungen eigenständig ihre Ziele in Bottom-up-Richtung verfolgen. Das wäre ein erster Schritt in Richtung Ziel-Selbstvereinbarung. Sie ergibt sich u. a. aus der inflationären Wissenszunahme, bei der sehr viel Fachwissen „nach unten gelangt", so dass Vor-

Führen mit Zielen

gesetzte ihre Machtposition nicht mehr auf ihr Fachwissen stützen können. Die Aufgabe des Vorgesetzten besteht hier eher darin, Zielorientierungen zu geben, bei der die Mitarbeiter weitestgehende Gestaltungsfreiheit haben.

Das interaktionelle Führen durch Zielvereinbarung wird durch das *„Führen mit Zielen"* ergänzt. Hierbei handelt es sich eher um ein strategisches Instrument der Unternehmensführung. Die Ziele dieses „Führens mit Zielen" sind u. a.:

- *Fehlentwicklungen verhindern*
- *Orientierung und Gemeinsamkeiten haben*
- *Realitätssinn entwickeln und Praktikabilität einfordern*
- *Erfolgsfaktoren erkennen und beeinflussen.*

Basis ist ein Unternehmensziel

Führen mit Zielen setzt aber die Existenz eines Unternehmensziels voraus, mit dem der unternehmerische Hauptzweck, Gewinn zu erzielen, präzisiert wird. Diese Präzision geht i. d. R. nur bis zur Ebene der Grobziele und lautet in den meisten Unternehmen etwa so: „Unser Ziel ist ein dauerhaftes und überdurchschnittliches Wachstum bei überdurchschnittlichem Return-on-Investment."

Aus dem betrieblichen Hauptziel werden kaskadenförmig Ober-, Zwischen- und Unterziele formuliert, die von Abteilungen, Gruppen oder einzelnen Mitarbeitern realisiert werden. Die Aufgabe aller Beteiligten besteht darin, die höher gelagerten Ziele auf ihren Bereich bezogen zu präzisieren und auf das Unternehmensziel zuzuführen. Das gesamte Bündel primärer Einzelaufgaben steht also in einer fortlaufenden Mittel-Zweck-Beziehung vor- und nachgelagerter Ziele. Das gilt auch für den zeitlichen Aspekt von Zielen. Kurzzeitziele müssen wie Mosaiksteinchen zu den Langzeitzielen passen.

Ein Abteilungsziel in einem Großunternehmen ist – gemessen am Unternehmensziel – recht konkret, kann aber im Vergleich zu den Unterzielen der Gruppen und Mitarbeiter dieser Abteilung wiederum allgemein sein.

Unternehmensziele sind nicht nur hierarchisch strukturiert, sie stehen auch horizontal nebeneinander, sind arbeitsteilig aufeinander bezogen und somit voneinander abhängig. Mögliche horizontale Unternehmens(teil)ziele sind:

Horizontale Unternehmensziele

- *Fachziele*
- *Führungsziele*
- *Organisationsziele*
- *Zusammenarbeitsziele*
- *Persönliche Ziele.*

Man kann Ziele aber auch unter dem zeitlichen Aspekt gliedern in kurzfristige/operative, mittelfristige/taktische und langfristige/strategische Ziele.

Die persönlichen Ziele sind wichtig im Rahmen des Zielvereinbarungsprozesses. Um Unternehmensziele zu realisieren, müssen sie von den Mitarbeitern akzeptiert werden, denn diese haben eigene Ziele. Im Idealfall sollten Organisationsziele zugleich dem Erreichen eigener Ziele dienen.

Organisationsziele und Mitarbeiterziele

Wenn Sie als Privatmann oder Vorgesetzter Ziele erreichen wollen, dann müssen Sie Zeit dafür investieren. Als Führungskraft sollten Sie 20 % Ihrer Zeit für die Weiterentwicklung Ihrer Gruppe bzw. Abteilung investieren. Bitte bedenken Sie auch den Zusammenhang zwischen dem Hauptziel und den Unterzielen. Wenn Sie Ihren Absatzerfolg um 10 % steigern wollen, dann müssen Sie vorher um x % Ihre Mitarbeiter qualifizieren und ebenfalls um x % die Zusammenarbeit und Organisation optimieren. Außerdem müssen Sie selbst um x % besser geworden sein. Geschieht das nicht, fehlt Ihrem Ziel das Fundament.

Als Mitarbeiter sollten Sie in einer solchen Situation Ihren Chef auf diesen Sachverhalt aufmerksam machen. Führen heißt, auf Menschen zielorientiert einzuwirken. Also führen Sie Ihren Chef! Das ist Führung nach oben.

Unterscheiden Sie Ziele und Absichten

Die Qualität einer Führungskraft erkennt man am Vorhandensein oder Nichtvorhandensein von Zielen. Viele Manager verwechseln Ziele mit Absichten und Maßnahmen. Sagt jemand, wir müssten, sollten oder könnten endlich neue Absatzmärkte finden, dann deutet er damit eine strategische Richtung an, aber es wird kein handlungswirksames Ziel formuliert.

Wenn Sie als Vorgesetzter oder Mitarbeiter zu einem Zielfindungsgespräch eingeladen werden, beachten Sie bitte Folgendes:

Ziele werden nicht gesetzt, sondern vereinbart.
Nur so wirken sie motivierend.

Zielfindung ist ein zweiseitiger Prozess

Zielfindung ist ein *zweiseitiger* Prozess. Die Vorstellungen des Unternehmens sind ebenso zu berücksichtigen bzw. zu diskutieren wie die des Mitarbeiters. Beide sollten ihre Zielvorstellungen vor dem Gespräch unabhängig voneinander entwickelt haben. Zielvereinbarung richtig praktiziert bedeutet, sowohl organisatorische als auch persönliche Ziele zu optimieren. So konkretisiert sich der partizipative Führungsstil.

170

Ziele müssen *erreichbar* sein, aber auf einer Stufe, die Sie oder Ihre Mitarbeiter als *Herausforderung* empfinden. Konzentrieren Sie sich auf die wichtigsten Ziele. Ein erreichtes Ziel ist mehr wert als fünf im Schwebezustand. Der Erfolg eines meiner Kunden beruht meines Erachtens darauf, dass die Spartenleiter dieses Unternehmens an jeweils einem Ziel pro Quartal arbeiten, bevor sie das nächste angehen. Bei *einer* Sache darf man erwarten, dass einer sie schafft.

Beachten Sie, dass das Erreichen Ihrer Ziele vom *Mitwirken anderer* Mitarbeiter und Abteilungen abhängig ist. Stimmen Sie sich ab. Zielvereinbarung bezieht sich nicht nur auf einzelne Mitarbeiter, sondern auf ganze Gruppen.

Ziele müssen *plausibel* und *verständlich* sein. Nur so sind die Mitarbeiter und Mitarbeiterinnen bereit, sich für sie einzusetzen.

Achten Sie auf eventuelle *Zielkonflikte*. Sie können schwerlich Ihren Absatzerfolg steigern wollen und gleichzeitig den Werbeetat kürzen. Fixieren Sie Ihre Ziele *schriftlich*. Das schafft eine klare Arbeitsgrundlage und vermindert Missverständnisse.

Achten Sie auf mögliche Zielkonflikte

Vereinbaren Sie monatliche oder quartalsmäßige *Kontrollgespräche* immer dann, wenn ein Zwischenziel erreicht sein soll.

Führen durch Zielvereinbarung setzt *begleitende Weiterbildung* voraus. Diese müssen Sie von Ihrem Vorgesetzten fordern oder, falls Sie Mitarbeiter führen, für deren Qualifizierung sorgen.

Die Betonung von Zielen in der Zukunft sollte aber von der Gegenwart nicht ablenken. Ein Unterneh-

Das Wie der Zielerreichung

171

men ist nicht nur eine Start- und Landebahn. Man sollte den Mitarbeitern auch den Genuss eines schönen Fluges gönnen. Ein Wanderer, der eine Wegstrecke zwischen A und B abschreitet, wird von den Naturerlebnissen zum Weitergehen motiviert. Früher galt die Regel: „Erst die Arbeit, dann das Vergnügen." Heute geht es um Vergnügen bei der Arbeit. Zur Zielorientierung gesellt sich die Erlebnisorientierung. Nicht nur das erreichte Ziel soll Freude schaffen, sondern auch der Weg dorthin. Ziele kann man nur mit Lust am Tun erreichen. Während die Unternehmensspitze das „Was" formuliert, geht es den Mitarbeitern eher um das „Wie", um die Atmosphäre und die Stimmung. Daraus entsteht die notwendige Energie, um Ziele zu erreichen. Wer sich auf ein Ziel in der Zukunft konzentriert, muss sich auf sein Tun in der Gegenwart besinnen.

Zielerreichung durch Prozesssteuerung

Viele Vorgesetzte verbringen viel Zeit mit dem Vereinbaren von Zielen, interessieren sich eher für den fertigen Kuchen, aber kümmern sich kaum um die wirksame Hefe. Erst mit dem modernen Prozessmanagement wurde deutlich, dass Arbeitsergebnisse im Arbeitsablauf bzw. Arbeitsqualität durch Ablaufqualität entsteht. Wer also Ziele vereinbart, muss Prozesse so gestalten, dass Ziele erreicht werden. Jedes Endprodukt besteht aus diversen Zwischenprodukten, die in einem betriebsinternen Kunden-Lieferanten-Verhältnis entstehen. Auch Ziele entstehen in diesem Beziehungsgeflecht. Ihr Ergebnis ist nur so gut wie die auf sie hinführenden Prozesse.

Literatur:

1   Peter F. Drucker: *Die Praxis des Managements*, Düsseldorf 1956

Am Ende kommt plötzlich der Schluss.
Aber jedes Ende ist ein neuer Anfang.
Fangen Sie unverzüglich an, die Inhalte
dieses Buches umzusetzen.
Sollten Sie noch Fragen haben oder mich
als Referenten wünschen, so rufen oder
faxen Sie mich an.

Tel. 06032 / 921 360
Fax 06032 / 921 362
E-Mail IPW-Dr.Simon@t-online.de

Walter Simon, Jahrgang 1946, ist gebürtiger Hamburger

und gelernter Drogist.

Nach der Lehre fuhr er zunächst zur See.

Anschließend studierte er an der Hochschule für Wirtschaft und Politik in Hamburg,

später an der Johann-Wolfgang-Goethe-Universität in Frankfurt/M

sowie an der Sophia-Universität in Tokio Wirtschafts- und Sozialwissenschaften.

1977 promovierte er mit einer volkswirtschaftlichen Arbeit zum Dr. rer. pol.

Im gleichen Jahr trat er als Trainee bei der AEG-Telefunken in das Berufsleben ein.

1981 gründete er das Innovationsteam für Politik und Wirtschaft in Bad Nauheim, aus dem die IPW-Business Trainings University hervorging.

Von 1985-1993 nahm Dr. Simon Lehraufträge und Gastprofessuren an in- und ausländischen Hochschulen wahr. Seit 1996 lehrt er Human Ressources-Management an der FH Wiesbaden.

Walter Simon schrieb zahlreiche Artikel und Bücher zu gesellschafts- und personalpolitischen Themen, u.a. die GABAL-Bücher „Die neue Qualität der Qualität" und „Lust aufs Neue".

Er ist Bundesvorsitzender des Verbandes für DIN EN ISO 9000 ff. für Akkreditierung und Zertifizierung e.V. und Mitglied im Q-Pool 100 – die offizielle Qualitätsgemeinschaft internationaler Wirtschaftstrainer und -berater e.V.

Literaturverzeichnis

Bandler, Richard / Grinder, John: *Reframing*, Paderborn 1990

Berth, Rolf: *Erfolg*, Düsseldorf 1993

Birkenbihl, Vera F.: *Stroh im Kopf?*, 36. Auflage, Offenbach 2000

Birkenbihl, Vera F.: *Erfolgstraining*, 11. überarb. Auflage, München 1999

Bono, Edward de: *Taktiken und Strategien erfolgreicher Menschen*, Landsberg 1988

Deckert, Horst / Reeder, Stefan: *EKS Arbeitshandbuch* 1985

Drucker, Peter F.: *Die Praxis des Managements*, Düsseldorf 1956

Eberlein, Gisela: *Gesund durch autogenes Training*, 10. Auflage, Düsseldorf 1996

Enkelmann, Nikolaus B.: *Erfolgsprinzipien der Optimisten*, Offenbach 1998

Feyler, Günther: *Endlich mehr Zeit haben*, München 1982

Flockenhaus, Ute (Hrsg.): *Zukunftsmanagement: Trainings-Perspektiven für das 21. Jahrhundert*, Offenbach 1999

Fromm, Erich: *Haben oder Sein. Die seelischen Grundlagen einer neuen Gesellschaft*, Stuttgart 1976

Goleman, Daniel: *Emotionale Intelligenz*, München 1997

Großmann, Alexander: *Erfolg hat Methode*, Offenbach 1995

Hill, Napoleon / Stone, William Clement: *Erfolg durch positives Denken*, 19. vollst. überarb. Auflage, München 1998

Höhler, Gertrud: *Spielregeln für Sieger,* 14. Auflage, Düsseldorf 1996

Maslow, Abraham: *Motivation und Persönlichkeit,* Olten 1977

Meier, Rolf: *Führen mit Zielen*, Neuausgabe, Regensburg 1998

Nagel, Kurt: *Die 6 Erfolgsfaktoren des Unternehmens*, Landsberg 1993

Neff, Thomas J. / Citrin, James M.: *Lessons from the top,* New York 1999

Nowotny, Helga: *Eigenzeit*, Frankfurt am Main 1989

Peters, Thomas / Waterman, Robert H. jun.: *Auf der Suche nach Spitzenleistungen,* 15. Auflage, Landsberg 1993

Robbins, Anthony: *Das Powerprinzip – Grenzenlose Energie*, München 1995

Scheich, Günter: *Positives Denken macht krank. Vom Schwindel mit gefährlichen Erfolgsversprechen,* Frankfurt am Main 1997

Schneider, Wolf: *Die Sieger,* 4. Auflage, Hamburg 1993

Scheiber, Servan: *Die 90-Minuten-Stunde. Mehr Zeit zum Leben,* Düsseldorf 1984

Schwertfeger, Bärbel: *Der Griff nach der Psyche. Was umstrittene Persönlichkeitstrainer in Unternehmen anrichten,* 2. durchgesehene Auflage, Frankfurt am Main/New York 1998

Seiwert, Lothar J.: *Das neue 1x1 des Zeitmanagement,* 22. Auflage, Offenbach 2000

Derselbe: *Wenn Du es eilig hast, gehe langsam. Das neue Zeitmanagement in einer beschleunigten Welt,* Frankfurt am Main 1998

Simon, Walter: *Die neue Qualität der Qualität,* 2. Auflage, Offenbach 1996

Derselbe: *Lust aufs Neue,* Offenbach 1999

Sprenger, Reinhard K.: *Das Prinzip Selbstverantwortung,* Frankfurt am Main 1996

Stemme, Fritz / Reinhardt, Karl-Walter: *Supertraining,* Düsseldorf 1988

Register

- Qualitätsmanagement
- Strategische Unternehmens-
  entwicklung
- Lernende Organisation und
  Wissensmanagement
- Kreativität und Innovation
- Change-Management
- Projektmanagement
- Ziel- und Zeitmanagement

Business Training University
Prof. Dr. Simon & Partner

Mittelstraße 19a
61231 Bad Nauheim
Telefon: 0 60 32 / 92 13 60
Fax: 0 60 32 / 92 13 62
mail : ipw-dr.simon@t-online.de
www.ipw-drsimon.com

Training for the future

Nutzen Sie
unser Können!

Bitte faxen oder mailen Sie uns an!

Name:

Unternehmen:

Anschrift:

Telefon/Fax:

Mail:

 **Business-Bücher für Erfolg und Karriere**

Arbeitstechniken	Management

Lothar J. Seiwert
Das neue 1 x 1 des Zeitmanagement
Der Euro-Bestseller
120 Seiten, A5, Hardcover,
4-farbig, mit Zeichnungen
und Fotos
DM 29,80/öS 218/sFR 29,80
ISBN 3-923984-89-8

Mogens Kirckhoff
Mind Mapping
Einführung in eine kreative
Arbeitsmethode
120 Seiten, 265 x 200 mm
4-farbig, Hardcover
DM 36,00/öS 263/sFR 35,00
ISBN 3-923984-91-X

Jacques Boy, Christian
Dudek, Sabine Kuschel
Projektmanagement
Grundlagen, Methoden und
Techniken, Zusammenhänge
160 Seiten, A5, Hardcover
mit Illustrationen und Grafik
inkl. 1 Diskette (für PC
und Mac geeignet)
DM 39,80/öS 291/sFR 38,80
ISBN 3-930799-01-4

Josef W. Seifert
**Visualisieren Präsentieren
Moderieren**
176 Seiten, A5, Hardcover,
zahlreiche Illustrationen
DM 29,80/öS 218/sFR 29,80
ISBN 3-930799-00-6

**Bestseller: 36. Auflage
über 400.000 Exemplare:**

Vera F. Birkenbihl
Das „neue" Stroh im Kopf?
Vom Gehirn-Besitzer zum
Gehirn-Benutzer
180 Seiten, A5, Hardcover,
mit zahlreichen Abbildungen
DM 34,80/öS 218/sFR 34,80
ISBN 3-923984-99-5
(ab August 2000 im Handel)

Susanne Motamedi
Konfliktmanagement
Vom Konfliktvermeider zum
Konfliktmanager
144 Seiten, A5, Hardcover,
mit Illustrationen
DM 29,80/öS 218/sFR 29,80
ISBN 3-89749-002-1

Günter Ederer
Lothar J. Seiwert
Der Kunde ist König
Das 1x1 der Kunden-
orientierung
288 Seiten, A5, Hardcover,
2-farbig, mit zahlreichen
Illustrationen und Grafiken
DM 34,80/öS 218/sFR 33,80
ISBN 3-930799-47-2

H. Hamann, H. Sieber, S. Stritch
Wandel im Unternehmen
Praxisleitfaden Change
Management
200 Seiten, mit Diskette
DM 39,80/öS 291/sFR 38,90
ISBN 3-930799-76-6

Hans-Jürgen Kratz
Delegieren – aber wie?
Persönliche Entlastung,
Mitarbeiter motivieren,
Potenziale nutzen
144 Seiten, A5, Hardcover,
mit Illustrationen
DM 29,80/öS 218/sFR 29,80
ISBN 3-89749-001-3

**Für weitere Titel fordern Sie bitte unseren kostenlosen Gesamtkatalog an:
GABAL VERLAG, Tel. 0 69/84 00 03-0 oder in Ihrer Buchhandlung.**

▶ Projekte planen und durchführen

Inhalt: Bei der Planung von Projekten kann sehr viel Geld und Zeit durch effizientes Projektmanagement eingespart werden. Alle notwendigen Techniken erfolgreicher Projektplanung lernen Sie am Beispiel des Umzuges einer vierköpfigen Familie kennen und können sie anschließend für Ihren eigenen Projekterfolg nutzen. ISBN: 3-930799-62-6

▼ Körpersprache verstehen und anwenden

Inhalt: Sie lernen, Körpersprache zu verstehen und so einzusetzen, daß Ihre Ausstrahlung positiv unterstützt wird. Wer die „Geheimnisse der Körpersprache" kennt, kann anderen Menschen mit mehr Verständnis begegnen und auch sein eigenes Kommunikationsverhalten verbessern. ISBN: 3-930799-60-X

Ihr persönlicher Stil ◀ entscheidet

Inhalt: Der Eindruck, den Sie auf andere machen, entscheidet oftmals über den persönlichen oder geschäftlichen Erfolg. Trainieren Sie deshalb, wie Sie in wichtigen Situationen Ihres Lebens positiv wirken, Souveränität ausstrahlen und Ihre äußere Erscheinung vorteilhaft zum Ausdruck bringen. ISBN: 3-930799-63-4

je DM 39,80
sFR 39,80
öS 291,–

Konflikte kreativ lösen ◀

Inhalt: Konflikte sind Teil unseres Lebens. Am Beispiel einer Seminargruppe lernen Sie, Ihre Meinungen gegenüber einzelnen oder Teams durchzusetzen, ohne andere zu verletzen. Sie erfahren, wie Sie Konflikte konstruktiv steuern und Probleme gezielt angehen und lösen können. ISBN: 3-930799-61-8

ystemvoraussetzungen:
C 80486 DX 66, mind. 4 MB RAM, Windows 3 oder Windows 95, Double-Speed CD-ROM-Laufwerk, GA-Karte mit mind. 256 Farben, Soundkarte, aus und Tastatur, Festplatte mit mind. 3 MB eiem Speicher.

Gesellschaft zur Förderung Anwendungsorientierter Betriebswirtschaft und Aktiver Lehrmethoden in Hochschule und Praxis e.V.

Bundesgeschäftsstelle
Budenheimer Weg 67
D-55262 Mainz
Tel.: 06132.509-590, Fax -599
eMail: gabalev@t-online.de
Internet: www.gabal.de

Wer wir sind...
1976 gründeten Praktiker aus Wirtschaft und Hochschule die gemeinnützige GABAL e.V.

Unsere Mitglieder vereint das Interesse und die Arbeit an ihrem persönlichen Wachstum und am Lernen ihrer Organisationen.

Unser Leitbild...
GABAL steht für lebenslanges Lernen und permanente Innovationsbereitschaft. In unserem zukunftsgerichteten Wirken verbinden wir Menschlichkeit mit zielorientiertem Arbeiten.

Was wir Ihnen bieten...
- Attraktive regionale und überregionale Veranstaltungen mit Kontakten zu Menschen, die das GABAL-Netzwerk zur eigenen Weiterentwicklung nutzen
- Aktive Mitarbeit in Projekten, Arbeitskreisen und Regionalgruppen
- Kooperationen mit Hochschulen, Weiterbildungsorganisationen und dem GABAL-Verlag
- Kostenloses Abonnement der Zeitschrift Wirtschaft & Weiterbildung sowie der Mitgliederzeitschrift Impulse.
- Sonderkonditionen beim GABAL- und Jünger Verlag.

--- ✂ _oder kopieren_ _ _ _ _ _ _ _ _

Infocheck

Ja, ich will GABAL näher kennen lernen und erwarte Infomaterial

GABAL e.V.
Bundesgeschäftsstelle
Budenheimer Weg 67

55262 Heidesheim

per Telefax:
06132.509 599

....
Name   Vorname

....
Straße   PLZ/Ort

....
Telefon/Telefax   eMail